못난 시인

실천시선 225

못난 시인

2014년 9월 30일 1판 1쇄 찍음
2014년 10월 8일 1판 1쇄 펴냄

지은이 일과시 동인
펴낸이 김남일
편집 이호석, 박성아, 이승한
디자인 김현주
관리·영업 김태일, 박윤혜

펴낸곳 (주)실천문학
등록 10-1221호(1995.10.26)
주소 서울특별시 마포구 월드컵로10길 48 501호(서교동, 동궁빌딩)
전화 322-2161~5
팩스 322-2166
홈페이지 www.silcheon.com

ISBN 978-89-392-2225-0 03810

이 도서는 국립중앙도서관 출판시도서목록(CIP)은
e-CIP홈페이지(http://www.nl.go.kr/ecip)와
국가자료공동목록시스템(http://www.nl.go.kr/
kolisnet)에서 이용하실 수 있습니다.
(CIP제어번호:CIP2014027540)

실천시선 225

못난 시인

일과시 동인

실천문학사

다시, 목숨보다 질긴 시를 끌어안고

"만약 그대가 물 한 방울이라면 땅 한 줌이라도 적시었는가? 만약 그대가 햇빛 한 줄기라면 옅은 어두움이라도 밝혀 보았는가? 만약 그대가 알곡 한 알이라면 한 소중한 생명이라도 키워보았는가? 만약 그대가 작은 나사못 한 개라면 그대의 일터를 언제나 굳건히 지키고 있는가?"

(1958년 6월 7일, 뇌봉이 쓴 일기 가운데)

노동자시인 모임인 일과시 동인이 만들어진 지 스무 해가 지났습니다. 일하는 사람이 글을 써야 세상이 참되게 바뀐다는 걸 깨닫고, 한 달에 한 번씩 모였습니다. 순천에서, 여수에서, 창원에서, 마산에서, 부산에서, 서울에서 바쁜 일손을 잠시 내려놓고, 목숨보다 질긴 시를 끌어안고 모였습니다. 동인들은 일하면서 쓴 시를 가난한 밥상 위에 펼쳐놓고 한 편 한 편 읽고, 서로 생각을 나눈 다음 동인 시집을 해마다 펴냈습니다. 몇 해 전부터 모임이 시들해진 것을 안타깝게 여긴 동인이 조심스럽게 말을 끄집어냈습니다.

"날이 갈수록 하루하루가 불안한 비정규직 노동자 형제들이 늘어나고, 생명의 텃밭인 농촌은 무너져 내립니다. 정치와 언론은 모두 돈과 권력에 휘둘려 꼭두각시 노릇을 해댑니다. 그러니 빈부의 차이는 심해

지고, 가난하고 힘없는 사람들은 기댈 언덕조차 사라졌습니다. '노동청년 한 사람은 이 지구 위에 있는 모든 황금을 합친 것보다 더 소중하다'고 여기던 우리는 여태 어찌 살아왔습니까? 세상이 이렇게 비틀거리는데, 시를 쓴다는 우리가 이렇게 살아서야 되겠습니까? 바쁘다는 핑계 둘러대지 말고 다시 한 번 모여 봅시다."

일과시 동인을 만든 지 스무 해가 되던 지난해 여름, 우리는 잠시 잊고 살았던 목숨보다 질긴 시를 끌어안고 다시 모였습니다. 겉으로 보면 동인들 모두 잠시 시를 잊고 살아온 것 같지만, 속으로는 더 뜨겁게 시를 끌어안고 살았다는 것을 만나자마자 금세 알 수 있었습니다.

아직도 길거리에서 남의 가게 간판을 달아주는 막노동꾼으로, 공사판 철근장이로, 답답하고 위험한 철길을 달리는 노동자로, 힘든 사회복지사로, 밥 먹듯이 한뎃잠을 자는 희망버스 기획자로, 빈 들녘을 지키는 산골 마을 농부로, 가난한 시인으로, 모두 눈물겹도록 쓸쓸하게 살아온 게지요. 스무 해 전이나 지금이나 동인들은 흔들리지 않고 꿋꿋하게 자신의 자리를 지키며 살았습니다.

이 시집은 동인들이 여태 살아오면서 쓴 시 가운데 열 편씩 가려 뽑아 펴내게 되었습니다. 이 시집에 실린 시는, 투박하지만 땀 냄새와 사람 냄새 물씬 나리라 생각합니다. 멋이나 부려 이름이나 알리자고 쓴 시는 한 편도 없으니까요. 그러나 우리는 이 시대의 아픔을 온몸으로 아파하지 못하고, 먹고사는 일에 목을 매달고 살아왔음을 부끄러운 마음으로 고백합니다.

그래도 우리가 할 수 있는 일은 아직도 시를 쓰는 일입니다. 시를 쓰는 일이 무어 '대단'하거나 '거창'한 것은 아닙니다. 다만 살아 있는 목숨을 소중하게 여기고, 가난한 이웃들과 땀 흘려 일하며 정직하게 살고 싶기에 시를 씁니다. 우리는 시를 쓰면서 돈보다 더 귀한 것을 깨닫게 되었습니다. 사람은 혼자서는 살 수 없다는 것을 알았고, 사람이 스스로 가난하게 살려는 마음이 없으면 남을 헐뜯고 속이며 살 수밖에 없다는 것을 알았습니다. 그리고 사람이 어떻게 살다가 어떻게 죽어야 하는지를 깨닫게 되었고, '사람의 길'을 보게 되었습니다.

우리가 시를 쓰는 까닭은 평등과 자유가 넘실거리는 아름다운 세상을 바라기 때문입니다. 아무도 가난하지 않고 아무도 부유하지 않고, 모두가 가난하면서도 모두가 부유한 세상을 바라기 때문입니다. 이 시집이 비록 보잘것없다 하더라도, 가난하고 상처 받은 누군가의 가슴을 따뜻하게 데워 줄 수 있다면 얼마나 좋겠습니까. 자연과 사람이, 사람과 사람이, 서로 나누고 섬기며 평화롭게 살아갈 수 있는 작은 불씨가 될 수 있다면…….

2014년 가을에

일과시 동인

차례

김해자

김해화

문동만

서정홍

손상렬

송경동

이한주

조태진

김
명
환

1959년 서울 출생.

철도노동자.

1984년 사화집 『시여 무기여』로 등단.

시집으로 『첫사랑』이 있다.

workandpoem@hanmail.net

나무

나무는
자신이 서 있는 땅을
버리지 않으며
한겨울 속에서도
잎새를 떨구고
죽음의 빛깔로 말없이
생명을 키우며
어둠 속에서도
숲을 이루고 있다

지장천

지장천 검은 물에 달 뜨면
가난에 목마른 사람들은
슬픔을 건지러 나간다
가난으로 이어지는 삶처럼
검은 물이 흐르고
쓰레기 더미 위로 달빛이 내리면
노동에 지친 사내들은
몇몇이 모여 주정을 하고
때묻은 포대기에 아이를 업은 계집애는
도망간 어미를 기다린다
여기저기 떠돌다
산굽이 돌아내리는 물처럼
흘러온 삶을 건지면 헤진 옷과 연탄재
찌그러진 밥그릇이 달빛에 부서지고
사택촌 백열등이 하나둘 스러지면
가난에 목마른 사람들은
가슴 가득 슬픔을 안고

어둠 속으로 사라져 간다

어색한 휴식

나는 오이에게 미안하다
나이 스물이 되면서
이 땅의 시인이려면
민주화운동을 해야 하는 줄 알았다
나는 고추에게 미안하다
나이 서른이 되면서
이 나라의 시인이려면
노동운동을 해야 하는 줄 알았다
나는 호박에게 미안하다
자식노릇 한번 제대로 못했는데
아버지는 늦도록 고생만 하시다 돌아가셨다
나는 콩에게 미안하다
어머니는 집도 절도 없이
몇 년을 떠돌아 다니셔야 했다
나는 토마토에게 미안하다
아내는 첫아이를 낳고도
남편 얼굴 제대로 볼 수 없었다

나는 딸기에게 미안하다
하지만 늦게 본 아들 녀석이
쑥쑥 자라는 걸 보면 가슴이 뿌듯하다
내 철들 무렵 바라본 세상은 암흑이었다
지금은 새벽 동이 터오고 있다
나는 가지에게 미안하다
조합활동을 하다 시골역으로 쫓겨나고
오랜만에 휴식을 갖는다
길에서 벽돌을 주워오고
산에서 흙을 퍼나르고
베란다에 작은 화단을 만들었다
오이 고추 호박 콩 토마토 딸기
가지 부추 파 생강 수박 참외 상추
채송화 맨드라미 사르비아 양분꽃
봉숭아 해바라기 이름 모를 들꽃들
내 불쌍한 화초들이 지르는 비명 소리를 들으며
나는 내가 잔인하다는 생각을 한다

내게 휴식은 어색하다

갈매기의 꿈

내가 희망을 버렸을 때
비겁해지지 않기 위해서
모든 사람들을 저주했을 때
나의 노래는 입 속에서 맴돌고
옛날은 추억으로만 있었다
산다는 것이 조금은 외롭고 쓸쓸하기 때문에
아름답던 옛노래의 기억을 뒤로 하고
끝없이 멀어져 가기만 하는 저녁 바다처럼
어둠에 잠겨들 수 있었던 것일까
왜 나는 삶에 지친 갈매기가
돌아갈 곳이 없다고 믿었던 것일까
나의 노래는 이렇게 끝없이
가슴 깊숙한 곳에서 흐르고 있는데

망실공비를 위하여 2

나는 혁명을 노래해야 할 시인이었지만
도둑처럼 다가올 새벽을 믿지 못했기 때문에
빛살로 날아오르는 노래 한 곡 부르지 못하고
산길을 서성이며 젊은 날을 보냈다
한 번쯤 크게 기지개를 켜고
산을 내려가야 할 때가 되면
아주 낮고 쓸쓸한 휘파람을 불며
저녁 안개 속으로 사라지고 싶었지만
나는 너무 오래 산길을 걸어왔다
모두가 떠나간 외로운 안개 숲에서
나는 전향을 꿈꾼다
눈물 속에 타오르는
붉은 태양을 노래하기 위해
내 젊은 벗들처럼 산을 오르고 싶다

첫사랑

오랜 징역을 끝낸
김남주 시인이
5·1창작단을 하고 있던 내게
그런 이름을 걸고
글을 써야 직성이 풀리냐고
그냥 좋은 글을 쓰면 안 되냐고 했을 때
남조선민족해방전선보다는
부드럽지 않냐고 말하고 싶었지만
웃고 말았다

그가 죽었을 때
나도 첫사랑을 간직한 채
쓸쓸히 죽었으면 싶었다

진보정당의 의회진출을 지지하는 선언에
이름을 걸 거냐는
송경동 시인의 전화를 받고

아직은 아니라고
아직은 볼세비키의 친구로 남고 싶다고 했지만

다음 날 다시 전화를 걸어
어제의 답변은 실수였다고
아직이라는 말을 취소한다고 했다

슬펐다
변해 가는 내가 슬펐지만
변하지 않는 나도 슬펐다

돋보기

결국은 돋보기를 썼다
안 보이는 게
불편해서가 아니라
세상을 외면하는
내가 미워서

볼 만큼 보고
쓸 만큼 썼으므로
세상에 눈 감으면
편할 줄 알았다

나이를 먹는 거보다
더 슬픈 건
상처받기 싫어서
사랑하지 않는
나 자신이었다

자전거

나이 오십에
자전거를 배웠다
초등학교 졸업하도록
자전거 못 타는
자식 놈이 답답해서

몇 번 넘어지면 될 것을
툭툭 털고 일어서면 될 것을

구르는 바퀴가
멈추면 쓰러진다는 게
슬픈 나이에
쓰러지는 게 두려운 나이에
자전거를 배웠다

이하역

이제 이곳에 기차는 서지 않는다

백 리 밖에서 완행열차를 타고
손두부를 사러 오던 점방은
안 노인이 죽고 문을 닫았다

깨진 창 사이로 밀린 고지서
바람에 흔들릴 뿐 흔들려도
가지 못하는 괘종시계 저편
떠나간 사람들은
어느 구비 돌고 있을까

기적소리도 없이 열차는 달려가고
떠나갈 사람도 돌아올 사람도 없는
이제 이곳에 기차는 서지 않는다

계약직

—KTX 여승무원이 되고 나서

KTX 여승무원이 되고 나서
나는 껌을 씹지 않는다
컵라면도 통조림도 먹지 않는다
봉지 커피도 티백 보리차도
드링크도 탄산음료도 마시지 않는다
물티슈도 냅킨도 종이컵도
나무젓가락도 볼펜도 쓰지 않는다

눈이 하얗게 내리던
크리스마스이브
아스테이지에 돌돌 말려
빨간 리본을 단
장미 한 송이 받아들고
나는 울었다
한 번 쓰고 버려지는 것들이
가여워서
눈물이 났다

제복을 입고 스카프를 두르면
어느 피에로의 천진난만한 웃음보다
따뜻하고 화사하게 웃어야 했지만
웃으면 웃을수록
자꾸자꾸 눈물이 났다

사는 것이
먹고사는 것이
힘든 줄은 알았지만
이렇게 구차하고 비굴하고
가슴이 미어질 줄은 몰랐다

KTX 여승무원이 되고서야 나는
이 세상이
한 번 쓰고 버려지는 것들의
눈물이라는 걸 알았다

흐르고 넘쳐

자꾸자꾸 밀려오는

파도란 걸 알았다

김
용
만

1956년 진메 출생.

현재 (주) 애드 인더스 근무 중.

kym560114@hanmail.net

황토

바람 부는 솔숲 아래
붉은 황토 깊이깊이
아버지 유골
가지런히 묻어 두고

자다 깨다
자다 깨다

서울역에
내려서니

끝내
구두 끝에 묻혀 온
붉은 살 한 점

어머니

어머니
올해도 강 건너 개간 논 모는 어찌 다 내고
앞산 고추밭 지심들은 어쩌는지요

부평 아파트 공사장에 비가 내려
철근을 들다 말고
모내는 어머니 논둑에 가만 서 봅니다

저 어지러운 공사장만큼이나
세상은 시끄럽고 어지럽지만
오늘도 뉘 집 논 안에 비를 맞으며
가지런히 모를 내실 어머니
유독 무서움을 잘 타던 이 자식
앞산 애송 감나무만 올라도
어지러워 벌벌거리던 내가
나이 삼십이 넘어서야
이 세상의 사랑과 눈물을 알아갑니다

태어나 처음 본 공구들
사람들과 정들며
고층 난간에 서서야 겨우
사람들의 짐 진 무거움이
나의 무거움임을 알았습니다

어머니
몸만 성하면 무슨 일을 못 하겠냐던
어머니 말씀대로
욕설도 욕 같지 않은
밥 앞에 저리 즐거운
힘든 몸짓 곁에
몸 하나로
뜨겁게 살겠습니다

노동절

나는 오늘도 거기 있었습니다

비 그치고
창문 너머
맑게 갠 오월 하늘
아름답다고
잠시 생각했습니다

쇠를 붙이고
갈면서도
마음 깊이 날 선 칼 하나
갈지 못한 나는
공장문 드나들며
그냥 일만 했습니다

삼일절에도
광복절에도

착한 일꾼이 되어
공장문 닫으며
나는 거기 있었습니다

어디서 아카시아 향기
코끝을 스칩니다

전국적으로

어떤 이들은 전국의 땅덩이를
돈으로 힘으로 차지했다지만
우리 형제들은 가난 때문에
빈 몸뚱이 하나로 전국을 차지했다

시골 사는 용택이 형님
서울 사는 용구 형님
부산에 사는 이놈과
대전 사는 해숙이
군산 사는 복숙이
그리고 막내는 광양

우리 여섯 남매
전국적으로 흩어져
보고 싶어도 살기 위해
그야말로 전국적으로 산다

자식 낳아 이리저리 다 뺏기고
오늘도 흙 파고 살며
전국적으로 몸이 쑤시는
어머니는

어디에 열차 사고
어디에 불만 나도
이놈 저놈 맘에 걸려
전국을 걱정하며 살지만

우리는 가난 때문에
뿔뿔이 흩어져
그야말로 전국을 점령했다

별이 되어

산동네에 살다 보면 안다
밤하늘에 뜨는 별이 되어
얼굴 비비며 서로 반짝이는
산동네에 살다 보면 확실히 안다
밀어주고 받쳐 주고
눈물겹게 산을 타고 버팅기며
힘줄 돋는 저 삶들이
왜 쉽게 무너져 내리지 않는지
깡통에 함지박에 꽃들만
온종일 빈집을 지키고
좁은 골목마다 아이들
계단을 구르며 저희끼리 논다
하늘을 이고 큰다
하루가 멀다고 싸움 소리
울음소리 그치지 않아도
더는 밀려날 곳 없는
끝에서 살다 보면 안다

싸움이 얼마나 아름다운 눈물이고
끝이 얼마나 큰 희망이 되는지
하늘이 아니면
더는 오를 곳 없는 우리는
이 밤도 선명한 그린벨트 베고 누워
이 세상을 내려다보며 산다
이렇게 얼굴 비비며 별이 된다

산동네

하루 일을 끝내고 올려다본
내 동네는 별 가득한 하늘이다
아득히 먼 하늘이다

세상 어디서나 가난은
산을 타고 오르는 것일까

날마다 아침이면
어김없이 내려서야 할 이 비탈길을
하루 일에 지쳐
산을 타고 오르고 오르는 사람들

오르다 한숨 돌려 뒤돌아보면
산복도로 밑 아랫마을
우리 내려 살 그런 날 있을까

끙끙

아랫마을 바라보며

하늘 보고 오르다

별빛으로 가만 눕는다

못난 시인

내 아내 맨날 뭐라 한다
사십이 넘어도 시집 한 권 내지 못하고
남의 글이나 읽고 산다고
시인들아
우리 집에 책 보내지 마라
부부 쌈 난다

날마다 시를 쓴다

시를 쓴다
종일 서서 나는 시를 쓴다
일 년 열두 달
목장갑 까뒤집어 땀을 닦고
손 비비며
망치 움켜쥐고 시를 쓴다

책상도 없이
종이도 없이
종일 서서 시를 쓴다

몸뚱이에 시를 쓴다

기분 좋은 밤

아내의 퇴근이 늦은 밤이면
가끔 우리는 저녁을 시켜 먹는다
짜장면 하나
짬뽕 곱빼기 하나
전화해 놓고

신이 난 동해는 벌써
베란다 창문에 붙어 있고
도연이는 자꾸 아빠 돈 있느냐고 묻는다

아들, 딸 앞에 놓고
국수 가락 잘라주며
소주 두어 잔 받아먹는
기분 좋은 밤

아내가 가끔씩 늦어도 좋겠다

달개비 꽃

어떤 가뭄에도
끈질기게 살아
밭매는 내 어머니 애간장을 녹이는
달개비 꽃

감나무에 걸어 두면
그네 타서 좋고
뚝 뚝 끊어버리면
자식 많아 좋다는
달개비 꽃

이 나라 어디라도
뿌리박고 마는
끝내 꽃피우고 마는

김
해
자

1961년 전남 신안 출생.
미싱사와 조립공 등으로 일하며 시를 쓰다
1998년『내일을 여는 작가』로 등단했다.
시집으로『무화과는 없다』,『축제』가 있다.
haija21@naver.com

배부른 여자

달 달 둥근 달 미싱 판에 닿은 달
배는 보름달 월급은 초생달
안 먹어도 불룩한 배 늘 고픈 달
집들이 때 쌓인 슈퍼타이 슈퍼에 들고 가
우유와 콩나물로 바꿔먹는 달
위층 상가 갈비집에서 솔솔 풍겨나오는
숯불갈비 냄새 킁킁거리다 깜박 잠에 빠진 달
블라우스 원단에 수놓은 꽃밭
손으로 밀고 발로 밟고 가는 달
달달 밟아도 밟아도 늘 제자리
배로 미싱을 밀고 가는 만삭 달

아시아의 국경

땡볕에 눌러쓴 털모자의 땀 냄새가 지나가고

사탕수수 자루 인 여인의 부르튼 맨발이 지나가고 구루마 끌고 가는 부지깽이 같은 종아리가 지나가고

가슴에 면도칼 숨긴 아이들 희번덕거리는 눈초리가 지나가고 원 달러 원 달러 외치는 흙먼지 속 다물지 못한 입이 지나가고

때 절은 스웨터 속 불룩하게 솟아오른 노숙의 담요가 지나가고 마약과 매춘 실어 나르는 부황 든 빰이 지나가고

지뢰 속에 다리 묻은 주름진 아코디언 소리가 지나가고 무기 실은 트럭이 지나가고 탱크가 지나가고 전쟁이 지나가고 혁명이 지나가고

팔 잘린 부처가 지나가고 목 없는 시바가 지나가고 목마른 마호메트가 지나가고

지나가고 지나가고 몽땅 휩쓸고 지나가고
아 어머니, 메콩 강이 노래 부르며 유유히 흘러가고
국경 지우며 경계를 허물며 도도히 흘러가고
부겐빌레아 꽃 붉게 붉게 피어나고

무화과(無花果)는 없다

장대비 속 후줄근한 시위는 끝나고
누군가는 돌아오지 않고 피어나지 못한 채
시들어가는 부용산, 노래 같은 떨거지끼리
미라가 되어버린 생강이며 무화과 안주 삼아 술을 마시다
문득 떠오른 남녘 땅 무화과나무
어릴 적 마당 가 돌담에 단단히 서 있었지
크낙한 잎 따면 하얀 수액 방울방울 흐르고
퍼렇다 못해 어두운 그늘 깊던,
산수유며 해당화 다 피고 지도록
벌 나비도 찾지 않아 늘 외로워 보이던,
꽃 없는 과실이 어디 있으리
조금 늦게 피는지 몰라 수술 그득 채우느라
꽃잎이며 꽃받침 밀어 올릴 틈이 없는지
조금 더 기다려야 하는지도 몰라
꽉 찬 살이 터지며 꽃잎 터트릴 때까지
보아, 십자로 벌어진 네 잎의 꽃을
열린 꽃잎 사이 반짝이는 수백의 꽃술을

인연

너덜너덜한 걸레
쓰레기통에 넣으려다 또 망설인다
이번에 버려야지, 이번에 버려야지, 하다
삶고 말리기를 되풀이하는 사이
또 한 살을 먹은 이 물건은
1980년생,
연한 황금빛과 주황이 만나
제법 그럴싸한 타올로 팔려온 이놈은
의정부에서 조카 둘 안아주고 닦아주며
잘 살다 인천 셋방으로 이사 온 이래
목욕한 딸아이 뽀송뽀송 감싸주며
수천 번 젖고 젖은 만큼 다시 마르면서
서울까지 따라와 두 토막 걸레가 되었던
20년 생애, 더럽혀진 채로는 버릴 수 없어
거덜 난 생 위에 비누칠하고 또 삶는다
화염 속에서 어느덧 화엄에 든 물건
쓰다 쓰다 놓아버릴 이 몸뚱이

심지에 쓴 시

깃을 세운 잠바를 보면 지금도 시가 보인다
심지를 넣은 빳빳한 시들이 거리를 거닐고 있다
미싱 판에 엎드려 심지에 쓴 시
작업하다 초크와 쪽가위로 새긴 시
방통고 다니던 현옥이 따라 끄적거린 시
뒤에서 쪽가위 두드리는 소리에 놀라
칼라와 함께 기워버린 유산된 시
명사와 형용사만 앙상한 시에 조사를 붙이고 어미도 붙이고
사는 날 내내 이루어야 할 동사 한 마디 이으려 길을 걷는다
아무도 보지 못한 숨은 시를 찾아
아무리 써 봐도 뻔한 레퍼토리지만
평생 살아봐도 그리운 낱말 몇 개 순산하고 싶어
심지 속에 든 시를 더듬는다

죽을 만큼 천천히

큰 배가 항구에 접안하듯
사랑은 죽을 만큼 느리게 온다
나를 이끌어다오 작은 몸이여,
온몸의 힘 다 내려놓고
예인선 따라가는 거대한 배처럼
큰 사랑은 그리 순하고 조심스럽게 온다
죽음에 가까운 속도로 온다

가도 가도 망망한 바다
전속력으로 달려왔으나
그대에게 닿기는 이리 힘들구나
서두르지 마라
나도 죽을 만치 숨죽이고 그대에게 가고 있다
서러워하지 마라
이번 생에 그대에게 다는 못 닿을 수도 있다

승천

한 집 건너 지하공장
미싱 소리 드르륵대던 곳
사철 시꺼먼 하늘만 내려앉던 청천동
십자약국 골목 파란 대문
빨간 닭장집 안 녹색 부엌문
방문 벽에 걸린 푸른 작업복
왼편에 하얀 명찰 생산2과 김정례
앉은뱅이책상 앞에 「해고무효소송 승소판결문」
옆에 방송통신고등학교 교재, 안에 쓰다만 편지
"공부 열심히 해. 돈 걱정 말고 누나만 믿어라"
방문턱에 걸린 두 발
부엌 바닥에 늘어뜨린 긴 머리칼
아궁이에 타다 만 연탄
잠긴 문 바라보다 멈춘
반쯤 열린 눈
밖에 하얀 눈

축제

물길 뚫고 전진하는 어린 정어리 떼를 보았는가
고만고만한 것들이 어떻게 말도 없이
서로 알아서 제각각 한 자리를 잡아
어떤 놈은 머리가 되고 어떤 놈은 허리 되고 꼬리도 되면서
한몸 이루어 물길 헤쳐 나아가는 늠름한 정어리 떼를 보았는가
난바다 물너울 헤치고 인도양 지나 남아프리카까지
가다가 어떤 놈은 가오리 떼 입속으로 삼켜지고
가다가 어떤 놈은 군함새 부리에 찢기고
가다가 어떤 놈은 거대한 고래상어의 먹이가 되지만
죽음이 삼키는 마지막 순간까지
빙글빙글 춤추듯 나아가는 수십만 정어리 떼,
끝내는 살아남아 다음 생을 낳고야 마는
푸른 목숨들의 일렁이는 춤사위를 보았는가
수많은 하나가 모여 하나를 이루었다면
하나가 가고 하나가 태어난다면

죽음이란 애당초 없는 것
삶이 저리 찬란한 율동이라면 죽음 또한 잔치가 아니겠느냐
영원 또한 저기 있지 않겠는가

넝쿨장미

너를 기다리다 동글동글 뭉쳐놓은
주먹밥 같은 하얀 넝쿨장미 본다
의료보험증 들고 상처 동여맨
종주먹 같은 붉은 넝쿨장미 본다
미싱사 십오 년에 의료보험도 안 되는
마찌꼬바 지하공장 드륵드륵 미싱 소리 듣다
누런 가시 바짝 세우고 철조망 기어오르는 너를 본다
회충약 털어 넣은 것처럼 자꾸 어지러워,
갑작스레 쏟아지는 햇빛에 찡그리며 웃는 너를 본다

이 땅에 여자로 산다는 것
저리 하얀 눈물 방울방울 꽃 피우는 거야
이 땅에 가난한 여자로 산다는 것
저리 붉은 상처 종주먹으로 꽃 틔우는 거야
제 한 몸 못 가눠 담벼락에 기대는 거 아냐
땅을 버리고 싶지 않아서야
봐, 올라서잖아 아무도 모르게

담벼락 넘어 하얀 송이 피워 올리잖아
봐, 훌쩍 넘어서잖아 한눈파는 사이
철조망 넘어 붉은 송이 밀어 올리잖아

어진내에 두고 온 나

지금도 청천동 콘크리트 건물 밖에는 플러그 뽑힌 채 장대비에 젖고 있는 도요타 미파 브라더 싱가 미싱들이 있다 나오다 안 나오다 끝내 끊긴 황달 든 월급봉투들 무짠지와 미역냉국으로 빈 봉지를 우적우적 채우고 있다 얼어붙은 시래기 걸려 있는 담 끼고 굽이도는 골목 끝, 아득하고 고운 옛날 어진내라 불리던 인천 갈산동 그 쪽방에는 연탄보다 번개탄을 더 많이 사는 어린 소녀가 살고 있다 야근 마치고 돌아오면 늘 먼저 잠들어 있는 연탄불과 활활 타오르기 전 곯아떨어지는 등 굽은 한뎃잠이 있다

삼산동 논 가장자리에 앉혀진 그 붉은 벽돌집에는 아직도 비틀대는 깨진 유리창과 미친 칼을 피해 옆방으로 도망친 늙은 아버지 피 묻은 런닝구와 선홍색 유리조각들이 장롱 속에서 오들오들 떨고 있다 배추밭에 배추나비 한가로이 노닐던 가정동 스레트 집 문간방에는 사흘 걸러 쥐어터지던 젊은 해당화가 살고 있다 지금도 들리는 어린아이 울음소리 패대기쳐진 여인과 아이와 한 덩어리 된 어린 여자

눈물방울이 아직도 흙바닥에 뒹굴고 있을까

교도소가 마주 보이던 학익동 모퉁이 키 낮은 집 흙벽 아궁이가 있던 옛 부엌엔 전단지 속 휘어 갈긴 어린 해고자 메모처럼 '배가 고파요 이렇게 살고 싶지 않았어요' 애호박 몇 조각 둥둥 떠다니는 밀가루 죽이 아직도 부글부글 끓고 있다 효성동 송현동 송림동 바람 몰아치던 주안 언덕배기 그 작고 낮은 닭장 집 창문마다 한밤중이면 하나둘 새어 나오는 쓸쓸하고 낮고 따스한 불빛

이상하기도 하지
스무 해 도망쳐왔는데 아직도 내가 거기에 있다니
내가 떠나온 그곳에 다른 내가 살고 있다니
푸른 작업복에 떨어지는 핏방울
아직도 머리채 잡혀 끌려가고 있다니
앞으로 달려온 줄만 알았는데 뛰어도 제자리
러닝머신 위에서 뜀박질이었다니

김해화

1957년 전남 한곡리 출생.
1981년부터 노동을 시작하여
지금까지 공사장 철근노동자로 살고 있다.
1984년 실천문학사의 14인 신인작품집
『시여 무기여』로 작품 활동을 시작했다.
시집으로 『인부수첩』, 『우리들의 사랑가』,
『누워서 부르는 사랑노래』, 『김해화의 꽃편지』가 있다.

haehwa57@hanmail.net

가을 모후산

쫓고 쫓기며 한 시대를 보낸 상처
총칼 맞은 대꼬챙이에 찍힌
세월이 흘러도 지워지지 않는
흉터에만 단풍 드는 산
다리 끌고 산 몬당 넘어간 사내
피 묻은 발자국처럼
모후산 단풍에서는
비린내가 나네

가난한 꽃편지

개망초 까마중이 애기나팔꽃 며느리밑씻개
내 삶보다 환한 꽃 피어 차마 뽑아낼 수 없습니다
캄캄하게 누워 뒤척이다 일어난 자리 돌아보니
시 한 편 드러누울 만합니다

철근쟁이 스물 몇 해 사람 노릇 못하여
시가 될 말 한마디 챙기지 못했습니다
녹슨 쇠토막 갈고 닦아 서둘러 만든 말
세우고 엮어 시를 짓습니다

사는 일 느을 하루살이
새벽밥 먹고 나가 돌아오지 못한 내 목숨
대충 헤아려도 수천입니다
지금 나가면 또 한 목숨 버려질 일
마음 급하여 비뚤어지고 어긋납니다

아 참, 노동이 마지막 남은 삶의 끈입니다

새벽밥 한 그릇이 노동의 시작입니다
열어 본 밥통에 밥이 없습니다
새벽밥 지어야겠습니다
짓던 시를 버립니다

개망초 까마중이 애기나팔꽃 며느리밑씻개
환한 꽃이나 우거지겠습니다

가을 풍경소리

쇳가루 마시면서 스무 해 지났습니다
느을 가슴 뜨거워 쇳물 끓었으니
지금 내 목숨 절반은 쇳덩어리

당신을 향하여 남아 있는 반쪽 부드러운 목숨에
여러해살이 풀을 심어
쇳덩어리 파먹으라고 갉아먹으라고 합니다

이렇게 스무 해쯤 더 지나면
속 갉아 먹힌 쇳덩이에
희디흰 꽃 한 송이 피어나지 않겠습니까

낮은 언덕에 올라 당신이 내뱉는 숨결에도
가을에는 바람이 일겠지요
아니라고 하여도 바람 한 점 꽃을 흔드는 저녁

얇게 남은 목숨

꽃빛으로 부서지면서

꼭 저 풍경소리로 날아오르고 싶습니다

홍란꽃*

말을 배웠다
어미 아비 물 불

불은 피운다고 배웠다
불 피우는 날
정월 대보름 날
논두렁도 불 피어라 달집도 불 피어라
불씨 나르던 아이들 찰밥 먹고 잠든 새벽

밤봇짐 싼 석추아재 빈 집 불 피었다
죽은 사람 하나 없이도 순식간에 집이 비어
진작부터 도깨비 드나들던 초가집
도깨비불 피었다가 졌다

불 탄 집터
허물어지다 만 흙담 아래
난초는 해마다 무성터라 해쌓더니

한가윗날
서울 공장살이 여섯 해 석추아재 딸 수복누이가 왔다

혼자 가믄 무서운께 항꾸네 가보자
환삼덩굴 무성한 집터 허물어진 흙담 아래
한가윗날 시뻘건 시양판 불잉걸 꽃

홍란꽃 피었구나
그러믄 되아써야 꽃만 피므는 되는거시여
어둡도록 오래오래 꽃 앞에 서 있던 누이

데모하다 잡혀간 사내 감옥에 두고
이듬 해 봄
수복누이 홀로 아이 낳았다더라

---

* 꽃무릇, 석산을 부르는 또 다른 이름이다. 붉은 꽃이 피는 난초라는 뜻인데 겨울을 나는 꽃무릇 잎이 난초를 닮아 난초로 잘못 알아 부른 이름이다. 꽃무릇은 난초와 다른 백합과 식물이다.

청천강에서 아버지를 보다

묘향산 들렀다 평양 돌아오는 길
금성다리 건너는데
청천강 갱본에 트랙터 갖다 대고
짐칸에다 삽으로 모래 퍼 담는 인민들
노동자보다 더 시커먼 나보다 더 시커먼
벗은 등허리들
아버지들

그 여름 다 가도록 식구대로 나서서
모래 모았지
보성강 삼바끄미 갱본 야금야금 파 묵어
자갈 쳐내고 한 사흘이믄
도라꾸 한 대 채울 수 있었어

팔할은 어느 놈인가가 먹고
이할 먹으려고
새벽 일찍 모래 실러 가시더니

“빠꾸를 허다가 그냥 가슴을 턱 들이받더라.”
약값도 못 받고 이할도 못 받고
가슴 부여잡고 오신 아버지

모래도 어느 놈이 슬그머니 실어가서
그 억울함 평생 담으로 붙어 떨쳐내지 못하시고
끝내 폐암으로 무너지셨지

언제 월북하셨나
아버지 청천강 모래 싣고 계시네
임종하러 간 내게 밥은 묵었냐 유언하시더니
진지는 드셨을까
노동자보다 더 시커먼 나보다
더 시커먼 아버지 여윈 등허리

철근살이

세상 아마 십미터쯤 일거야
나는 온 생을 다 해도 팔미터
하늘 땅 어디에도 닿지 못해
집도 절도 되지 못했어

어중간한 삶이란 토막 나는 일 투성이드만
누군가에게 무엇인가에게
사미터 이미터 일미터
이음으로 잘려나가 돌아오지 못하는 시절
추억도 아니야

아름다운 적 없었으니
아름다운 세상에 쓸모없이 짧은 토막
짧게 쓰겠어

날 선
칼

한 자루

산 철근이 죽은 철근에게

—고 이철복에게*

비 온다

너를 때려죽이고도
현장소장들은 오늘도 온전하다
우산 쓰고 퇴근한다

밤낮없이
너는 죽어버려서 떠날 수 없고
나는 살아 있어서 떠날 수 없는 공사장
누운 채 비에 젖는다

죽은 너는 좀 짧고
살아 있는 나는 좀 길다
같이 녹슨다

* 2008년 3월 21일 공사장 사무실에 찾아가 밀린 3개월분 임금지급을 요구하던 철근공 이철복은 현장소장이 휘두른 철제 옷걸이와 의자에 가슴과 머리를 맞아 병원에서 수술 중 3월 24일 사망하였다.

유서

불만 잘 모다도 한 대가리여
겨울 새벽 공사장
낡은 오토바이 그 사내
철근쟁이보다 목수양반보다 공구리들 보다
더 먼저 현장에 나와 불을 지폈다

이름도 묻지 마세요 고향도 묻지 마세요
공사장 따라 돌고 도는 직영 단순노무
지난밤 숙소 고스톱 판에서 잃어버린
이만 원이 아까워
아따 소주 열 병 묵은데끼 속 씨렵그만
막판 쓰리고로 만 원을 따고 온 날은
시인 선생님 나 엊저녁에 돈 땄는디
소주 한병 사께라

설 쇠고 일 시작하는 첫날
활활 불 잘 모다놓고

오토바이 잘 모셔놓고
노가다들 불가에 모여 해 뜨는 세상 기다리는 동안
사내는 아파트 비계 파이프에 끈으로 목을 맸다

힘들어서 못 살겠다 나 죽으러 간다
그러니 나를 아는 사람들 나를 아는 세상
모두 안녕

두메양귀비

목숨 걸고 꽃 한 송이 피웠으리
두메양귀비

목숨 걸고 백두 천지 찾아가 무릎 꿇고
이제 되었네 다 되었네
티끌처럼 화산재처럼 바람결에 흩어졌다가
천년도 더 지나 아슬아슬 낭떠러지

꼭 한 사람 기다려 꽃 한 송이 피우면
다 이루리

바튼기침으로든 울음 섞인 만세로든
무너지자 기어이 무너지고 말자
두 주먹 불끈 쥔 눈물 마르기도 전에
한 사내 노랗게 꽃송이 앞에 무릎 꿇고
또 한 계집 머리 풀고 꽃을 향해 주저앉네

천지가 캄캄해져 길을 잃는

내 일편단심

할미밀빵

나 죽어 세상 뜸스로
니 아픔 지고 갈란다

엉덩이쯤에서 봉오리로 맺힌 아픔
한 이틀 지나면 안으로 활짝 피어버리고는 했는데
좌골신경통인가 관절염인가
걸을 수도 앉아 있을 수도 누워 있을 수도 없는
그 아픔의 꽃 이름 보건소 의사도 알 수 없다고 했습니다

신음 소리도 소용없는 줄 이미 알아버려서
지긋이 이 악물고 식은땀 흘리며 견디는 밤
대꽃 피어 망쪼 난 큰 대밭에서
소텡 소텡*

해지도록 시향답** 호미모 심고 온 할머니
내 머리맡에 앉아
올해는 지사라도 지내줘야 혈랑갑다

가만히 생각헌께 그놈이 총 맞은 자리여
여순 때 죽은 삼촌 생각에
짠해져서 짠해져서 눈물 훔치다가
그란해도 순년은 따논 당상이고만 저 미친놈의 수쩍새

대 엿새 지나면 꽃 진 흔적도 없이 꽃이 져서
푸른 들판으로 푸르게 지게를 지고 나서지만
해마다 한두 번은
여러해살이처럼 피어나던 꽃

아무래도 그놈 탓이여
내가 세상 뜰 때
그놈 귀신도 데려가고
니 아픔도 짊어지고 가불란다

머리 허연 할머니 세상 뜨신 뒤로
내 몸에 그 꽃 다시 피지 않고

지리산 오르는 길

희디희게 출렁 출렁 할미밀빵 꽃

* 소쩍새가 풍년이 드는 해에는 '소쩍다 소쩍다' 울고, 흉년이 드는 해에는 '소텅 소텅' 운다고 한다.

** 음력 시월에 지내는 제사 음식을 장만하는 조건으로 농사를 지어 먹는 논

문
동
만

1969년 충남 보령 출생.
현재 기계정비공으로 일하고 있다.
1994년『삶 사회 그리고 문학』창간호에
작품을 발표하며 시작 활동을 했다.
시집으로『나는 작은 행복도 두렵다』,『그네』가 있다.
munyaein@hanmail.net

박쥐

박쥐도 그랬을 것이다

희디흰 얼굴로
어둠의 생계를 꾸렸을 것이다

사선(死線)이 된 평면에 발톱을 찍고
수직의 밥을 먹었을 것이다

끝까지 검어지지 않는 얼굴로
바닥을 천정이라 부르며
천정을 바닥이라 부르며

거꾸로 매달린 어둠을
한낮이라고 할 것이다

눈썹과 눈꺼풀

우연히 아는 사내를 만났다
야근을 마치고 귀가하는 나보다 두어 살 많은 소방관
칠월의 타는 햇살 아래 그의 눈썹은
무엇에든 달관한 노인의 눈썹처럼
몇 가닥 허옇게 세 뻗쳐 있었다
그는 보여줄 순 없지만 아래의 털들도
허옇게 세어가고 있다고 웃었다
우리가 털에 대한 이야기로 날밤을 새운다면
흰 털들이 몇 가닥 일어나 울어버릴 것만 같았다
하얀 밤이란 털이 세는 밤인지도 모를 일이었다
사내는 늙은 태를 나에게 남기고 주름진 집으로
돌아갔다 아무래도 밤낮을 바꿔 사는 사람들의
눈꺼풀엔 다른 이름이 있을 것 같았다
아무도 교대해 주지 않는 시간
무너지지 말아야 할 스물네 시간을 더듬다보면
자잘한 저 눈주름이란 지친 원심력의 외상,
저 눈썹이란 지붕이자 처마 아래서

까만 눈동자들이 입을 벌렸고,
쉼 없이 어둠의 시간을 물어 바쳤으니
우리는 저렇게 늙어만 늘어만 간다
싱싱했던 검정을 잃고 흰빛의 가여움을 얻으며
털들만 분연히 자신의 생에 항거한다

등

우리는 서로 등을 밀어주었다

닿지 않는 등허리 한복판만큼
쉬 벗겨지지 않는 내밀한 허물
거기서 우리는 뒤틀린 등짝과 엉덩이와
언뜻 거울에 비치는 까칠한 턱을 보았다

우리는 때가 많이 밀리는 같은 병(病)을
앓았기에 누구도 부르지 않고
서로의 등을 밀었다

묵묵한 등을 보면 알 수 있다
등이 인간의 맨 얼굴이라는 걸

사람들의 몸에서 이끼 냄새가 났다
아마도 인간의 첫 수원지(水源池)에서 자라난
건강한 이끼일 것이다

수직의 배반자

엘리베이터는 수직으로 운동하지만 동력은 회전체다
도르레가 쇠줄을 돌려 직선의 운동력을 만든다
미세한 힘들이 수직의 탄 듯 만 듯한 승차감을
탄생시킨다, 수직의 어머니는 곡선
맞물려 돌아가는 아귀힘으로 수직이 산다
하여 방자해진 수직은 자주 모체(母體)를 유폐한다
편리함 아늑함 속도전 이 따위 밑에 숨어서
어떤 가증스런 수작이란 걸 숨기며 내달린다
이제 계단도 옵션인 양 걷는 시대
거기서 형기가 시작될지도 모른다
팽팽한 쇠줄들이 죽은 땅을 끌어올리다
끝내 버티지 못하고 버릴 때가 있을 것이다
곡선이 죽으면 후레자식이었던 직선들이
따라 죽게 될 것이다
아마 땅을 칠 땅도 없을 것이다

환관의 무덤

*

아파트 부지를 파헤치다 무덤 수백 기가 드러났다
환관 내시들의 무덤이라고 추측되었다
그들은 거세되었지만 발굴되었다
거세의 권능을 지녔던
왕의 성기는 어디서도 발굴되지 않았다
그러니까 저 떼무덤은 낙관의 징표
단절되지 않는 왕은 없다고
모든 뼈다귀들은 똑 같다고 역설하는 것이다

*

비석치기라던가
봉분 위에 여자를 눕히는 자들도 있고
무덤을 들춰 밥벌이를 하는 도굴꾼들도 있다
무덤을 옮겨 일당을 맞춰야 하는 포크레인 기사도 있고
청약통장을 들고 무덤 위에 들어설
새집을 기다리는 성실한 가장의 시간도 있다

한 사람이 실존을 견디다 못해 십오층 베란다에서
담뱃불인 양 낙하하는 그만큼이 시간이
지금 발굴된 무덤 위에도
입주와 동시에 장만한 장롱 위에도 똑 같이 흘러간다
시간만큼은 수평이어서 적나라한 평등이어서
나는 생활을 위안하기도 하고
지지하지 않는 자가 왕이 된 것도 서러워하지 않는다

가시

저 자디잔 가시에 무슨 수관이, 혈관이 있나
분질러 던져지자 가시 하나로 살아나
번성하는 저 내력이 궁금하다
제거되지 않는 날선 모의가 궁금하다
새도 땅을 딛는 힘으로 날고
신성도 이성도 땅에 꽂힌 가시의 간절함으로
허공에 솟구쳤다고 하나,
가시들은 날마다 찔러대며 묻는다
세계엔 희망의 수분이, 생활의 면적이 충분한가?
땅은 얼어붙고 백년초 가시 같은 사람들이
모가지 덩겅 잘려 버려지는 밤
나는 안녕한 가시방석에 앉아있다
가시를 뽑아내도 또 다른 가시가
의자를 뚫고 찔러대는 것도 얼핏 보았다
찔린 엉덩이를 쓰다듬으며
내어주어야 할 나의 표면적이란?
의자가 불편할수록 가시는 대지를 넓힐 것이고

누군가의 잠자리에선 또 가시 새끼를
낳아야 하는 처량한 유업은
오르가슴도 없이 진행 중,
막막한 세계는 늘 최후의 비유를 창조 중,

新창세기 대한문편

사람을 뽑고 꽃을 심으니 보시기에 좋았다
새벽에 힘센 하인들을 보내 초막을 거두고
광야로 그들을 쫓아내니 보시기에 좋았다
불쾌한 것이 불경한 것임을 알게 하라
불편한 것이 불법인 것임을 알게 하라
다시는 저들에게 단 한 평의 공유지면도 주지 마라
다시는 저들에게 어떤 일도 어떤 밥도
어떤 토막잠도 주지 마라 어떤 언약도 지키지 마라
나무보다 깊은 뿌리를 가진 그들을 뽑고
한때를 살 꽃을 심으니 보시기에 좋았다
황사 먼지 속으로 쫓겨가는 무리들을 보며
보시기에 좋았다 그들만 좋았다
그러며 그리 말씀하셨다
들이지 마라 다시는, 천국을 지옥처럼 그려내는 자들을
들이지 마라 다시는, 현실을 불의라 선동하는 자들을
잠시간 동산은 고요하였다
비루한 분노와 아우성이 사라져 좋았다

버릇없이 펄럭이는 깃발이 사라져 좋았다
자, 보아라 짐승은 불의를 먹지 않는다
어떤 코뚜레에도 순종하나니, 얼마나 선하냐
저기 불의를 함께 먹어 없애겠다는 망상의 무리가 있다
그러니 알게 하라
이것이 얼마나 허기진 식량인지
아무리 먹어도 배를 채우지 못하리라
이 동산의 고고함을, 이 체제의 완고함을,
법치에 꽃물을 들여 더 세련되게 목가적으로 은유화하라
사람을 뽑고 꽃을 심으니 보시기에 좋았다
그 분은 하도 좋아서 다시 아래 사람들을 보내
그 꽃밭을 지키게 하고 아무도 그 밭에 들이지 못하게 하셨다

뿔

오래 묵었는지 뿔이 가렵다
오래 서 있었는지 다리가 저리다
우두머리도 아닌데
늘 정수리에 힘을 주고 먼 산을 경계하던 버릇
관습처럼 털갈이하며 오줌을 지려
파격도 탈주도 없는 테두리를 만들었다
고요해질까
무리를 떠나면
쫓기지 않는 시간, 되새김질하는 긴 시간을
불콰해지는 여백의 숨이 쉬어질까
홀로 강가로 가면
더 깊고 너른 은유의 파문이 번지는지
순수로 빛나는 윤슬의 지분을 얻어 마실 수 있을지
뒤 쫓아오는 사냥꾼이 없어 경계하는 괴로움이 없는 곳
힘센 뒷발을 가진 짐승들로 태어났으나
먼저 차대지 않는 평화지대 같은 곳
그저 나 홀로 고요하고 당신도 고요하여

따숩게 소란한 곳
언젠가 가책 없이 내 뿔을 뽑을 곳

미루나무 살풍경

성냥개비로 귓구멍을 파며 나는 미루나무를 생각하지
눈을 감을수록 속성하는 나이테
말을 참을수록 번성하는 이파리
그런 나무들의 용한 내력을 알아보라고
귀 밝은 나무의 독자들이 귀띔하는 통에
재미없게 올바르지 말라고 충고하는 통에
나는 잠시 내 뿌리를 걷으며 새 뿌리에 접붙이는
일도 생각해 보았고,
하루 종일 서 있는 길고 지루한 미루나무를
긴 흔들림을 그립고 애틋하게 그려내는
목가풍의 서정을 궁리해 보기도 했지
어디선가 또 이런 말도 들었다
크고 헐거운 나무일수록 단명하고
성냥공장으로 이쑤시개로 팔려가더라는
속성한 나무들의 비사를 들을 때마다 나는
삐딱하고 결연하게 버티는 나무가 어딨는가
새알을 품고 흔들리는 마딘 나무가

생전 만져보지도 기록되지도 못한 단단한 나무가 어딨는가

미루나무로 귓구멍을 파며 그 흐뭇한 나무만 생각하곤 하였지

제빙 기술자

베이는 일은 기쁘다
그녀의 야무진 칼날에
관객으로서 단단한 얼음으로서
그녀에게 베이는 일은

예술이란 베이는데
피가 나지 않는 것
실수하지 않는 쾌감에
베이는 것

그러나 난도 높은 기예가
고행이 매매되어 버렸다
포박되어 버렸다

매끄러운 죄의 기술로
수포 되어 얼어버렸다
얼음보다 더 차가운 죄를 예술이 대속하였다

제빙 기술자들
아무 죽음도 주지 않은 것처럼
아무 위증도 하지 않은 것처럼

자그만 고운 얼굴 뒤에
부풀어 오른 죄의 얼굴을 숨기는 자들
공중 기예보다 더 월등한 제빙의 책략가들
또 하나의 가족을 죽이고
또 하나의 소비자를 제조하는

오늘은 플러그를 찾아보자
그녀의 발에 찬 칼날에 기쁘게 베인 다음
미소에 화답한 다음
플러그를 빼보자

물이 녹으면 죽은 입, 산 입들이

동시에 떠오를 테니까

서
정
홍

1958년 마산에서 태어났다.
스무 해가 넘도록 노동현장에서 일했다.
지금은 황매산 기슭 작은 산골 마을에서 농사지으며
이웃들과 함께 배우고 깨달으며 살아가고 있다.
1992년 '전태일문학상'으로 등단했으며,
시집 『58년 개띠』, 『아내에게 미안하다』,
『내가 가장 착해질 때』, 『밥 한 숟가락에 기대어』,
동시집 『윗몸일으키기』, 『우리 집 밥상』, 『닮지 않는 손』,
『나는 못난이』, 산문집 『농부 시인의 행복론』,
『부끄럽지 않은 밥상』을 펴냈다.
junghong58@hanmail.net

세월은

일본 문화라고 그리도 싫어하던 내가 오랜만에 후배들과 어울려 노래방에 갔는데요 요즘은 아이들 데리고 온 식구들이 함께 즐겁게 손뼉 치고 어울려 놀 만큼 우리 삶에 스며들었는데요 그러나 골목마다 노래방 생기기 전엔 가까운 솔밭에 둘러앉아 함께 손뼉 치고 노래 부르면 술 없어도 흠뻑 취할 수 있었는데요 노래방 생긴 뒤 좁은 밀실 담배 연기 속에서 쿵짝쿵짝거리는 반주 따라 소양강 처녀가 나오더니 거울도 안 보는 여자가 반쯤 옷을 벗고 밤거리를 헤매는데요 나는 차례에 밀려 겨우 고른 노래, 80년대 최루가스 뒤집어쓰고 거리거리에서 어깨 겯고 부르던, 손뼉 쳐서 박자 맞추기도 힘든 양희은의 노래, 아침이슬을 부르는데요 그만 흥겨운 분위기 다 죽여 놓고 말았는데요 남행열차를 타고 오, 즐거운 인생을 노래하는 사람들의 세월은 강처럼 흘러 흘러가고 나는 나를 붙들고 늘어지는 아침이슬만 악을 쓰고 부르는데요 서러움 모두 버리고 나 이제 가노라고 아무리 악을 써 봐도 갈 수 없는 세상에서 비지땀을 쭉쭉 흘리는데요

상남동에서 만난 하느님

따뜻한 구들방이 그리운 겨울밤
대낮보다 더 환한
상남동 번화가

할아버지 한 분이
낡은 손수레에
종이 상자를 키보다 높게 쌓아
건널목을 지나가신다

신호등이 빨간불로 바뀌었는데도
천천히 천천히
절뚝거리며 걸어가신다

겨울 찬바람이 등을 떠밀고
자동차들이 빵빵거려도
갈 길을 가신다

밥 한 숟가락에 기대어

밥 한 숟가락
목으로 넘기지 못하고
사흘 밤낮을
꼼짝 못하고 끙끙 앓고는

그제야 알았습니다
밥 한 숟가락에 기대어
여태
살아왔다는 것을

어디선가

젊은 농부들과
식당에서 저녁밥을 먹고
신발장에서 신발을 꺼내
툭, 내려놓았습니다

툭, 소리와 함께
어디선가
이런 말이 들려왔습니다

"이놈아, 툭 소리 나지 않게
머리 숙여 살며시 놓아
고무 냄새 본드 냄새 참아 가며
신발 만드는 노동자들 마음을 알기나 혀.
이놈아, 은혜를 모르면 사람이 아니여"

나는 아무렇게나 떨어진 신발을
다시 들었습니다

그리고 머리를 깊이 숙이고

살며시 놓았습니다

나를 두고 온 자리

찬바람 불고 어둠이 내리는데
열서너 살쯤 되는 아이가
낡은 책가방 부둥켜안고
가회 우체국 모퉁이에 앉아 있습니다

어깨는 땅에 닿을 듯이
축 처져 있고
눈은 세상의 절망을
이미 다 보았다는 듯이 흐릿합니다

문득 그 아이한테 다가가
아무 말이든 해 보고 싶었습니다
망설이다 망설이다
끝내 말 한마디 건네지 못하고
집으로 돌아와 자리에 누웠습니다

아무리 눈을 감아도

잠이 오지 않습니다

희뿌옇게 창이 밝아 오기 시작해서야
그 아이가 앉은 자리에
나를 두고 온 걸 알았습니다

목욕탕에서 1

내가 어릴 때
놀고도 배불리 먹고
떵떵거리며 사는
기와집 덕만이 아버지는
자지가 두 개인 줄 알았다

으리으리한 기와집에서
비단옷과 털신을 신고
골목을 나설 때면
동네 어른들이 모두 굽실거렸다
앞집 삽살개 알랑방귀 뀌듯
그렇게 굽실거렸다

그래서 나는
어릴 때부터 부자들 자지는
두 개인 줄 알았다
가난한 사람들과는 뭔가 한 군데쯤

다를 것이라 생각했기에

그런데
아랫마을에 공중목욕탕이 생긴 뒤
설날을 하루 앞두고
목욕탕에서 만난
덕만이 아버지 자지는
한 개였다
그것도 아주 볼품없는

58년 개띠

58년 개띠 해
오월 오일에 태어났다, 나는

양력으로는 어린이날
음력으로는 단옷날

마을 어르신들
너는 좋은 날 태어났으니
잘 살 거라고 출세할 거라고 했다

말이 씨가 되어
나는 지금 '출세'하여
잘 살고 있다

이 세상 황금을 다 준다 해도
맞바꿀 수 없는
노동자가 되어

땀 흘리며 살고 있다

갑근세 주민세
한 푼 깎거나
날짜 하루 어긴 일 없고
공짜 술 얻어먹거나
돈 떼어먹은 일 한 번 없고

어느 누구한테서도
노동의 대가 훔친 일 없고
바가지 씌워 배부르게 살지 않았으니
나는 지금 출세하여 잘 살고 있다

아내는 언제나 한 수 위

영암사 들머리
신령스런 기운이 돈다는
육백 년 넘은 느티나무 밑에서

아내한테 말했습니다

"여보, 이렇게 큰 나무 앞에 서면
저절로 머리가 숙여져요"

아내가 말했습니다

"여보, 나는 일 년도 안 된
작은 나무 앞에 서 있어도
저절로 머리가 숙여져요"

정말 그랬으면 좋겠네

정말 그랬으면 좋겠네
내가 이른 새벽부터 일하면
누군가 아무 걱정 없이
편안하게 쉴 수 있기를

정말 그랬으면 좋겠네
내가 사나흘 굶으면
누군가 아무 걱정 없이
배불리 먹을 수 있기를

정말 그랬으면 좋겠네
내가 세상 걱정 때문에 잠 못 들면
누군가 아무 걱정 없이
깊은 사랑 나눌 수 있기를

언제부턴지

잠시 지나가는 봄바람도, 나뭇가지에 앉은 참새도, 길섶에 굴러다니는 가랑잎도, 바람에 흔들리는 억새풀도, 밤새 언덕 위에 내린 하얀 눈도, 세찬 바람에 끄떡없는 팽나무도, 숲에 사는 벌레들도, 농사일에 지친 작은아버지 한숨 소리도, 빚에 시달려 농약 마시고 죽은 우식이 형도, 작두에 손가락 잘려 버린 덕수 아재도, 마흔 넘도록 장가들지 못해 날마다 술에 절어 사는 순철이도, 내게 기쁨을 준 사람들과 슬픔을 준 사람들도, 내 눈에 보이는 그 무엇이든, 보이지 않는 그 무엇이든 나 아닌 것이 없다. 모든 것이, 모두 다, 내게 영향을 끼쳤으므로 언제부턴지 알 수 없지만, 나는 이미 그 속에서 밥을 먹고 똥을 누고 있었으므로

손
상
렬

1964년 원주 출생.

노동 현장을 떠돌다가 출판사에서 책을 만들고 있다.

1991년 노동시선집(산하) 『통제구역』에

연작시 「치악산」 발표.

ssyerl@naver.com

서울에는 서울이 없다

종로에 가면
종로는 있고
종로의 옛집들은 보이지 않는다

종각을 들여다보면
종은 있고
종소리는 들리지 않는다

조선총독부가 사라진 지금
세종로의 세종대왕만
미 대사관에 걸린 성조기 앞에서
근엄하게 앉아 있을 뿐……

한 무리의 아이들이
지하도로 사라져 간다

눈 오는 날, 길을 나서다

눈이 내린다
기차가 미끄러지듯 달려간 자리에
눈은
아버지처럼 기침을 한다
차창에 마주 앉은 사람들은
오랜 만남처럼 다정하고
눈은 들녘, 어디서나 손을 흔든다
이별이 기다리는 간이역 같아서
눈에 익다
시렁에서 식어가는 감자 몇 알과
푸른 달빛이 감도는
그런
눈 오는 날이다

순례자는 어디에 오고 있는가 2

회현동 지하도를 지난다
소한 동장군이 휩쓸고 간 늦은 밤이다
한 사내가 수도승처럼 신문을 깔고 누워 있다

남대문 시장이 막 새벽을 열자
술 취한 사람들과
양손에 짐을 든 여자가 지나간 자리
젊은 아비 품에서 넝마처럼 잠든 아이와
머리맡에 놓여 있는 우유갑 하나

까닭 없이 목이 멘다
밥도 아니고 무기도 아닌 시가 나는 시시해졌다

치악산 11

너를 찾아왔다 친구여
지는 해 술 취한 듯 붉은
치악산 꼭대기
살랑대는 바람에 얼굴을 묻고
스무 살 짧은 생애를 헤맨다
무더웠던 여름날 양동의 습기 찬 뒷골목과
겨울밤을 떨며 지샌 남산의 벤치,
가슴 아픈 건 늘 추억뿐 도시는 번창하다
지금은 사라진 돼지우리 같은 철공장 기숙사와
포마이카 냄새에 취해 비틀거리던 중계동 비닐하우스 농공장에
아파트가 섰다
가난한 자의 도시는 여전히 혼란스럽고
어둠 속을 헤매는 사람은 외롭다
스무 살에 마지막 토악질을 하던
그날 새벽, 고향 어귀엔
술집 작부에서 실패한 결혼 생활로 밤나무에 목을 맨

누이의 생애와
절도에서 강도로 법무부 학교를 벗어나지 못한
형의 질긴 무기징역의 세월이
가난한 조국 어딘가에서 몸부림쳤을 것이다
애초부터 실패한 생은 차라리
오기로 뭉친 과격함이거나 늘 동정받는 초라한 자존심
이었음을
서른이 넘도록 잊고 있었다
너무 일찍 철이 들어버린
그래서 너무 일찍 가버린 생애를
치악산 골짜기마다 묻어두고 돌아선다

천국에서의 하룻밤

—소록도에서

바다에 가 보았지
바다에 꽃밭을 가꾸는
사람들을 만나러
그 섬에 가 보았지

부자도 없고
가난뱅이도 없고
경찰서도 없는
새벽같이 고요한 눈동자를 보았지

출렁이는 바다가
도화지가 되고
꿈이 되기도 하여
햇살에 하나 가득 그리움을 그렸다가
폭풍우에 지워버린 여름날이었지

슬픔이란 슬픔,

미움이란 미움,
사랑이란 사랑,
다 버리고
아랫것까지 다 드러낸 채
종소리를 듣는
수요일 어느 날이었지

우울한 암각화

어두운 창에 불을 밝히면
나는 국적도 없는 거리를 배회한다
시청 앞 네거리 광고탑
다우존스 지수의 폭등과 폭락 장세로 이어지는
알 수 없는 두려움
긴 잠에 빠진 공장 굴뚝과 불국사 계단에 쓰러져 잠든
옛날 석수장이의 추억에 대하여
숨을 헐떡이는 가로수와 햇살,
안식의 종소리가 울려 퍼지는 서울 정오가 소란하다
주말을 빠르게 빠져나가는 종묘 앞,
햇살에 쓰러진 부랑아의 숨소리처럼 불길한
오, 우리의 파랑새는 어디로 날아갔는가

새벽길 2

사흘 굶어서도 구걸하지 않으면
그는 나의 하느님이다

인력시장에 나가도 찾는 이 없는 새벽
일당 삼만 원짜리도 퇴짜를 맞고
돌아오는 길

거친 꿈들이 저당 잡힌 거리
새벽하늘이 붉다

봄

—지상의 방 한 칸 2

어린나무들은 긴 겨울을 잘 이겨냈을까

지하 셋방
바퀴벌레처럼 기어들어 온
햇볕 한 줌
방 안 가득 풀어놓은 어둠을
조금씩 갉아 먹는다

만성이 된 천식을 괴롭히는 먼지처럼
보잘것없이 살찌운 두통이
몸살을 앓는 동안

창가에는 어김없이
풀 한 포기 자란다

낡은 의자

고향 집 앞마당에 놓여 있는 나무 의자 하나
비가 오나 눈이 오나 그 자리에 놓여 있었다
평생 한가로워 본 적 없는 아버지가
게으름을 피우던 자리
앉기만 하면 등 굽은 허리가 삐그덕 거리면서
신경통을 호소하는 봄볕이 몸을 맡긴다

치악산 1

—아주 오래된 기억

꽃다지 피어나는 봄이 오면
하사관학교 훈련병들이 개울을 건너곤 했다
키 큰 M1 소총을 멘 훈련병들이
개울을 건널 때면
빨간 모자를 쓴 조교는 곡괭이 자루로 알철모를 후려치면
반합을 흔드는 가쁜 숨소리는
뱀처럼 보리밭을 가로질러 산 너머로 사라졌다
갈아엎은 이랑이 무너져도,
보리 대궁이 꺾어져도 그저 좋았다
저녁녘, 어둠을 등지고 돌아오는 아비의 지게에는
한숨이 하나 가득 쌓여 있었다

송
경
동

1967년 전남 벌교 출생.

배관공 등으로 일했다. 1992년 구로노동자문학회

'삶글'을 통해 작품 활동을 시작했다.

시집으로『꿀잠』,『사소한 물음들에 답함』이 있고,

산문집『꿈꾸는 자, 잡혀간다』가 있다.

umokin@hanmail.net

손

버스 기다리는 척 벼룩시장이나 교차로를 슬쩍 뽑던 손
무담보 신용대출 854-2514 전봇대에 붙은 번호표를 뜯던 손
전철이나 버스 손잡이를 잡지 않던 손
악수하기를 꺼리던 손
손톱 밑에 검은 때가 끼어 있던 손
괭이가 박혀 있던 손

어이, 하며 저쪽 철골 위에서 환하게 흔들던 손
야, 인마 하며 반가워 손아귀를 꽉 쥐면 얼얼하던 손
H빔 위에서 떨어질 뻔한 내 등을 꼭 붙잡아주던 그 손

쇠밥

흙먼지에 섞어 먹는 밥
싱거우면 녹가루에 비벼 먹고
석면 가루도 흩뿌려 먹는 밥

체인블록으로 땡겨야 제맛인 밥
찰진 맛 좋으면 오함마로 떡 쳐 먹고
일 없으면 고층 빔 위에 혼자라도 서서 먹는 밥

시큼한 게 좋으면 오수관 때우며 먹고
새콤한 게 좋으면 가스관 때우며 먹고
연장이 모자라면 이빨로 물어뜯어서라도 먹어야 하는 밥

무엇보다 나눠 먹는 밥

1톤짜리 앵글 져다 공평하게 나눠 먹고
크레인 포클레인 지게차 기사도 불러
함께 비지땀 흘리며 먹는 밥

석양에 노을이 질 때면
아내와 아이도 모두 사이좋게 앉아 먹는
그 쇠밥

마지막 술집

간판이 없는 집
이 층에 있던 집
술을 시키면 주인은 한숨부터 쉬던 집
담배 연기가 동그랗게 말려 가던 집
내의 자락 끌며 공동변소 다녀올 때면
그 합수냄새가 어쩔 땐 좋고
어쩔 땐 싫던 집

그 술집이 있던 동네 길가
공동 수돗가에서 얼굴을 씻던 집
수챗구멍 속 쥐 눈망울이 크고 맑던 집
키 낮은 집. 대문이 방문이어서 골목길에
신발 여섯 짝 가지런하던 집. 어깨가 끼는
직각 사다리를 타고 올라가 이 층에 있던 집
방 세 칸이 수도꼭지 하나 마주보고 있던 그 이층집
그 수돗가에 쌀도 씻고 오줌도 누고 토하기도 하던 집
문밖에 철제캐비닛 하나씩은 다 갖고 있던 집

장롱 내어두고 거기에 닭도 키우고
오리도 키우던 집
떼어 가면 만 원도 받고
오천 원도 받던 수은등 아래
전깃줄이 10차선 20차선으로 내달리던 골목
그 골목에 살던 사람들

날일로 지방에 가 한동안 돌아오지 않던
미쟁이목수철근곰빵질통전기조적방통공구리덴죠닥트선반칠도배
또 한 사흘은 보이고 한 이틀은 보이지 않던
빌어먹을화상쪼다머저리푼수벅수웬수개병쟁이귀머거리반팽이칠득이얼치기반푼이팔푼이들과
고물을 주우러 다니던 영감 박스를 주우러 다니던 할멈
얼굴이 미역오리처럼 마르고 흰 버짐이 피던 계집애들
낮에는 자고 밤에만 출근하던 처녀
등쳐먹고 살던 기둥어깨건달양아치들

일식집 나가던 아줌마 갈빗집 나가던 아줌마
집에서 부업으로 미싱을 밟고 구슬을 꿰던 사람들
혼자 살던 할머니 혼자 살던 아저씨 혼자 살던 아이들
거기 거기 밤이면 열심히 돈 없이
돈 버는 사업계획서를 짜던 아이
성당청년부 일을 하며 인사성 밝던 아이
이빨 사이로 침을 틱틱 뱉으며 삐끼집에 나가던 아이
가까운 공단에 다니던 아이
그러다 맑스도 읽던 아이
우 몰려와 인생을 논하고 세상을 개탄하던 청년들
유인물 끼고 새벽에 나가던 청년들
그 청년들 잘 가던 이발소, 옆에
생선이 없던 생선가게, 옆에
거북선요 하면 거북선이 안 나오고
솔이 나오던 담뱃가게
어우러져 어우러져

이 모든 사람들 가끔은 들리던 술집
그 술집이 있던 닭장골목
그 골목 밀고 이제는 멋진 아파트가 들어선다는데
나는 왜 이리 슬픈가. 집을 잃은 아이처럼
버림받은 아이처럼

잃어버린 안경

올해 잡아먹은 안경이 네 개째다
5년째 안경 하나로 버티는 아내는
어디 재벌집 아들하고 살지
같이 못 살겠다고 한다

하나는 지역 민중연대 발대식 날이었다
새로운 조직을 띄우는 날
난 이제 구로지역 일에서는 좀 빠지겠다는 생각이었다
십몇 년 쫓던 일에서 빠진다 생각하니
뭘 하나 잃어버린 듯 허전했다
안경 하나쯤이야 했다

또 하나는 여름에 잃어먹었다
남들이 이젠 그만하라는, 하지 않아도 된다는
노동자캠프 어쩌고 하는 일을 또 벌이면서다
변통은 물론 술이었지만
하지 말라는 일을 또 하나 저질렀다는

무거움이 뭐 하나라도 덜어내려마 했다
안경 하나쯤이야 했다

세 번째는 얼마 전 농민대회에 나가서다
해 질 녘 제일 악독하다는 1001부대와 맞서 싸우다였다
아차 싶은 순간에 안경이 휙 날아갔지만
내달리지 않으면 머리가 깨질 참이었다
오십 대도 찾아보기 힘든 농민들
그 어른들 싸움에 안경 하나쯤 내놓는 거야 뭐
하나도 아깝지 않았다

그런데 어제 또 하나를 잃어먹었다
잊고 지냈던 구로공단 옛사람들을 만난 날이었다
386이 정권을 잡았다고 떠들어대는 세상에서
하나같이 잊혀진 사람들
대우어패럴 서광 에이엠케이 나우 협진정밀
가리봉전자 삼경복장 대성전자 슈어프러덕츠

그곳에서 처음 노동운동을 열었던 노출 1세대들
아직도 참가비 만 원에 허리가 휘는 사람들
비정규직으로 일한다는 선배
얼마 전 빔에 깔려 네 손가락이 없어 허전한 이들 많았다
기쁨과 설움을 많이도 처먹었던가보다
집에 들어와 보니 안경이 없었다

처음엔 안경 한두 개쯤이야 했다
사람들은 다시 또 죽어나가고
세상이 보기 싫은 꼴이 한둘 아닌 마당이다보니
난 자꾸 안경이라도 잃어버리며
보기 싫은 세상에 작은 항거라도 하는 거라 생각했다
하지만 이제 난 억울하다
내가 왜 이 못된 세상에 안경까지 잡아먹혀야 하나
힘없는 아내에게 그 짐을 늘 지게 할 수도 없다
그래서 나는 이제 바란다
편파적으로 구체적으로 바란다

안경이나 뺏어가는 소극적 싸움이 아닌
진정한 싸움을, 내게 걸어달라고
차라리 내 영혼의 눈을 거둬가 달라고

그들은 아무 말도 하지 않았다

어둠 깔린 가리봉 오거리
버스 정류장 앞 꽉 막힌 도로에
12인승 봉고차 한 대가 와 선다
날일 마친 용역잡부들이 빼곡히 앉아
닭장차 안 죄수들처럼
무표정하게 창밖을 보고 있다

셋 앉는 좌석에 다섯씩 앉고
엔진룸 위에 한 줄이 더 앉았다
육십이 훨 넘은 노인네부터
서른 초반의 사내
이국의 푸른 눈동자까지
한결같이 머리칼이 누렇게 쇠었다

어떤 빼어난 은유와 상징으로도
그들을 그릴 수가 없다
그들은 아무 말도 하지 않았다

하얀 비

양철지붕 두드리며
밤새 내리는 비

나도 누군가의 영혼을 밤새 두드리는
겨울 찬비가 될 수 있다면
하지만 난 아직도
세상의 음계에 맞춰
내 노래 조율하는 법을 몰라

내 노래는 내가 죽어도
내 몸 밖에서 객처럼 서성일 것인가
밤새 내 영혼을 두드리는
하얀 비

어느 날 경찰서를 나오며

영장 기각되고 재조사 받으러 가니
2008년 5월부터 2009년 3월까지
핸드폰 통화 내역을 모두 뽑아 왔다
난 단지 야간 일반도로교통법 위반으로 잡혀 왔을 뿐인데
힐금 보니 통화시간과 장소까지 친절하게 나와 있다
청계천 톰앤톰스 부근……

다음엔 문자메시지 내용을 가져 온다고 한다
함께 잡혔던 촛불시민은 가택 수사도 했고
통장 압수 수색도 했단다. 그리곤
의자를 뱅글뱅글 돌리며
웃는 낯으로 알아서 불어라 한다
무엇을, 나는 불까

풍선이나 불었으면 좋겠다
풀피리나 불었으면 좋겠다
하품이나 늘어지게 불었으면 좋겠다

트럼펫이나 아코디언도 좋겠지
1년치 통화 기록 정도로
내 머리를 재단해 보겠다고.
몇 년치 이메일 기록 정도로
나를 평가해 보겠다고.
너무하다고 했다

내 과거를 캐려면
최소한 저 사막 모래무지에 새겨져 있는 호모사피언스의
유전자 정보 정도는 검색해 와야지
저 바닷가 퇴적층 몇 천 미터는 채증해 놓고 얘기해야지
저 새들의 울음
저 서늘한 바람결 정도는 압수해 놓고 얘기해야지
이게 뭐냐고.
그렇게 나를 알고 싶으면 사랑한다고 말해 줘야지

무허가

용산4가 철거민 참사 현장
점거해 들어온 빈집 구석에서 시를 쓴다
생각해보니 작년엔 가리봉동 기륭전자 앞
노상 컨테이너에서 무단으로 살았다
구로역 CC카메라탑을 점거하고
광장에서 불법 텐트 생활을 하기도 했다
국회의사당을 두 번이나 점거해
퇴거 불응으로 끌려 나오기도 했다
전엔 대추리 빈집을 털어 살기도 했지

허가받을 수 없는 인생

그런 내 삶처럼
내 시도 영영 무허가였으면 좋겠다
누구나 들어와 살 수 있는
이 세상 전체가
무허가였으면 좋겠다

나의 모든 시는 산재시다

—세계 산재노동자 추모의 날을 맞아

산재추방의 날에 읽을
시 한 편 써달라는 얘길 듣고
멍하니 모니터만 보고 앉아 있다
또 뭐라고 써야 하지
무슨 말을 할 수 있지

잘린 손가락과 발들을 위로하면 될까
강압으로 목과 허리에서 탈출한 디스크 추간판들을 위로하면 될까
모든 부러진 뼈, 찢어진 눈, 터진 머리, 이완된 근육
닳아진 무릎, 손상된 폐를 위무하면 될까
압사, 추락사, 감전사, 질식사, 쇼크사, 심근경색, 유기용제 중독으로
하루에 여덟 명씩 일수 찍듯 착실하게 죽어간다는
모든 산재 열사들을 추모하면 될까

식당아줌마, 중국집배달부, 퀵서비스, 가정노동

모든 비공식부문 노동자들에게도
180만 특수고용노동자들에게도
농업노동자들에 불과한 영세농민들에게도
산업폐기물이 된 노령인들에게도
산재보험 적용을 해달라고 간구하면 될까
산재 민간감시원을, 산재요양 기간과 적용 범위를 좀 더 늘려달라고
산업안전보건법상 사용자의 의무를 좀 더 늘려달라고
산재 주무 기관을 좀 더 민주화시켜달라고 청원하면 될까

산재추방의 날에 읽을 시 한 편을 써달라는 얘길 듣고
멍하니 모니터만 보고 앉아 있다
사무직노동자들은 산재가 없을까
서비스직 노동자들은 산재가 없을까
전문직종사자들은 산재가 없을까
내 아내에게는 내 아이에게는 산재가 없을까

사랑하는 사이에는 산재가 없을까
신체가 늘어지거나 부러지거나 잘리는 것만이 산재일까
비정규직으로 내몰리고 실업으로 쫓겨나는 것은 산재 아닐까
쪼들리는 삶으로부터 오는 정신의 훼손과 관계의 파탄은 산재가 아닐까

나의 모든 시도 실상은 산재시다
내가 외로움을 이야기할 때 그것은
모든 형태의 산재로부터 자유롭지 못한
이 세계에 대한 항의다
내가 자연을 그리워할 때 그것은
모든 조화로움으로부터 쫓겨난
근본적인 산재에 대한 항변이다

보라. 저 거리에 나온 모든 상품들도
불구의 몸으로 산재를 앓고 있다

보라. 저 거리에 선 모든 나무들도
팔다리 잘리며 산재를 앓고 있다
보라. 저 들녘 강물의 모든 실핏줄들도
검은 가래에 막혀 산재를 앓고 있다
보라. 저 하늘 위에서 내리는 모든 눈도 비도
산재에 물들어 있고, 보라.
저 하늘의 오존층도 우리의 폐처럼
숭숭 구멍 뚫리고 있다

이 모든 산재에 보상하라고
우리는 말해야 한다
이 모든 산재를 지속가능한 상태로 되돌리라고
우리는 요구해야 한다. 누구에게. 저 자본에게
우리의 잘린 손가락과 발가락을 모아
닳아진 무릎뼈와 폐혈관과 혼미해진 정신들을 모아
배부른 저 자본에게 우리는 요구해야 한다
이윤이 중심이 아니라

건강과 안전과 평화와 연대가 중심이 되어야 한다고
가장 악독한 산재인 이 눈먼 자본주의를 추방해야 한다고
모든 스트레스의 근원인 착취와 소외의 세계화를 막아야 한다고
모든 사랑스런 관계들을 파탄으로 내모는
이 불안정한 세계를 근절해야 한다고

산재추방의 날에 읽을 시 한 편 써달라는 얘길 듣고
멍하니 모니터만 바라보고 있다
자본주의를 추방하지 않고
산업재해 없는 세상이 올 수 있을까
생각하면 이렇게 간단한데 그것이 왜 이다지도 어려울까
나와 우리가 진정으로 겪고 있는
가장 엄중한 산재는 이것이 아닐까
더 이상 희망을 말하지 못하는
다른 세계를 꿈꾸지 못하는
이 가난한 마음들, 병든 마음들

읍내 형수

소전으로 가는 길목
이십 년째 잡화를 하는 신세계슈퍼 이층에
단란주점을 낸 소연이가
내 첫사랑이다. 지금은
만리장성이라는 중국집을 냈지만
장터 포주집 아들로
내가 성, 성하며 쫓아다니던
어릴 적엔 순건달로 내게 그 짓은
콩알을 넣고 해야 제 맛이라고 가르쳐주던
덕기 형과 결혼한 그 친구가
내 첫사랑이다. 나와 내 친구와
또 한 친구까지를 관통하고 다녀
지금껏 팽팽한 삼각을 유지해 주는
그 피멍 같은 계집
장성 어느 재에서 한 번만 주라고
한 번만 주라고 탱탱 부은 내 보람을
개새끼야 개새끼야 하며 밀쳐내던 그

콩닥숨 단내가 탱자 내음 같던 간내
왜 남들은 다 줘놓고 나만 안 주냐고
열두 시간 비지땀 애걸해도
니가 봤냐 니가 봤냐며
꼬막처럼 닫힌 속살 열지 않던
짜디짠 벌교 가시내
그러나 세월이 흘러
이제는 더 이상 소녀가 아닌
내 첫사랑. 선거 때면
똘마니들 동원도 한몫하고
재 너머 읍내로 들어오는 모든 정보와
누구누구의 신장개업 구상까지도
환히 꿰는 영민한 읍내 형수
찾아가면 원 없이 술 내주고
처진 가슴 부벼 날 꼬일 줄도 아는
그 희한한 내 첫사랑

지금도 홍계리 그 외등은

벌겋게 타오르고 있을까

장미꽃 넝쿨처럼 가시를 치며 담을 넘던

세 자매의 웃음소리

가쁜 숨쉬며 나는 어디쯤 달려 왔는가

굉음처럼

지나가버린 세월

긴 밤내 썼던 편지를 쫙쫙 찢어 날리던

그 철로변 꽃잎들은 다 날아갔을까

이
한
주

1965년 서울 출생.
현재 오산역 역무원으로 일하고 있다.
1992년 윤상원 문학상을 수상했다.
시집으로 『평화시장』, 『비로소 웃다』,
시산문집 『너희들 키만큼 내 마음도 자랐을까』가 있다.
appob@hanmail.net

봄비

먼 길 돌아왔구나

비 그치니
꽃 뒤
나무가 보인다

눈

나이는 눈에서 온다
눈앞의 깨알 같은 글자들은
바짝 당겨 읽기보다
거리를 두어 보는 게 더 잘 보인다
너무나 분명했던 경계들은
조금만 멀어져도 흐릿하다
그전처럼 보이는 대로
또렷또렷 말할 자신이 없어
한발 더 다가가
깊숙이 본다
마음 담아 본다

겨울

가난보다
서너 발짝 앞서오는 겨울이
발을 뻗어
창신동 아랫목에
잠시 머무는 사이
동화처럼
눈이 내리고
비탈길
아이들은
햇살을 주워 봄이 된다

기둥에 대하여

너는 나의 기둥이라고 말하는 사람들은
나의 고독을 모른다

선망과 질시의 눈길에
더 강해야 했고
더 화려해야 했고
사람들을 안심시키기 위하여
뿌리로 내려서기보다는
두 팔이 떨어져라 하늘을 향해야 했던 내가
환장할 그 봄날을 어떻게 견디어 왔는지
사람들은 물어 오지 않는다

눈을 피해, 밤마다
헐리고
파헤쳐지고
다시 덧칠해지는 동안
찬이슬에 발목이 시려 주저앉았다가도

날이 새면, 언제나 그 자리에
딱 부러진 어깨
불끈불끈 힘줄로 당당해야 하는
나를 보고
강한 것이 아름답다고 하는 사람들은
곧 무너질 것을 예감하는
나의 고독을 모른다

인구주택총조사

인구주택 조사원 아내 따라
집집마다 문 두드리며
이름 성별 나이 국적 방 갯수를 받아적는데
38-4번지
2층 다가구 빙 돌아 지층 102호
그 집에 사람이 없다
밤 열두 시에 들어와
새벽 다섯 시에 일 나가느라
주인아저씨도 코빼기 보기 힘들다는
이름도 나이도 모르는 늘 불 꺼진 집
밤이고 낮이고 문 두드려대던
15일짜리 대리국가 아내는
학력을 묻고
수세식 푸세식 화장실을 묻고
방 한 칸뿐인
그 남자의 부끄러움에 동글뱅이를 치면서도
밥은 잘 먹고 다니는지 궁금해하지 않는다

새벽부터 밤늦게까지 불 꺼진 사람들의
땀방울
어디로 흘러들어 가는지
G20 대한민국은 묻지 않는다

초동리 노래자랑

너도 나도 떠나왔다 싶어 뒤돌아보면
싸리비질한 운동장 그대로
이순신 장군이 지켜선 초동국민학교
오랜만에 만나는 반가운 얼굴들이
펄럭펄럭 내걸리는
대보름맞이 초동리 노래자랑
서울서 큰돈 벌었다는 근식 형님과
1년 후배 성식이
전기밥솥 냉장고 테레비 쌓아 놓고
사진빨 나란히 웃음 짓는 동안
고향 땅만 서면
홀짝홀짝 취해가는 사람들이
애국조회 교단
즉석 밤무대 가수가 되어
뽕짝처럼 간드러지게 꺾여 넘어가는
팔월 한가위
불콰한 양달 경구氏 홍이 돋고

덧니처럼 반짝이던
새침떼기 동창생 순이가
애 둘을 들러업고 얼러안고
엉덩이 쑬럭이는 내 고향 초동리

열여덟 딸에게

열여덟이 써내려간 발걸음에
오답이 어디 있으랴

낯선 길, 길을 잃으면
네 자신을 믿어라

새로운 길은 아직 지도에 없는 법
길이 아닌 곳에서 또 다른 길이 시작된다

청춘을 가둘 수 있는 철조망이 어디 있으랴
네 발걸음이 길이다

설령 다시 되돌아온다 해도
네 발길 오간 만큼
새 길은 다져지고 넓어지는 법

열여덟 답안지에 정답은 없다

네 발걸음이 답이다

열세 살 평화시장

나이보다 먼저 익힌 가난에
학교 담장을 훌쩍 뛰어넘은
열세 살
알면 뭘 얼마나 알겠습니까
그저 엄마 치마폭에 묻혀
혓바닥이나 히쭉삐쭉 내보일
그 어린 것이

노동을 알겠습니까
착취를 알겠습니까

흙이라도 파먹고 뒤돌아서면
금방 배고플 나이
단내 나는 엄마 젖가슴이
손에서 떠나지 않을
그 어린 것이

눈깔사탕 같은 사장 말에
제 키보다 큰 원단과 씨름하다
쓰러져,
잠이 들 때면
그저 노는 것에나 정신 팔릴
그 어린 것의 꿈속은
온통
흐드러지게 피어나는
어깨동무 웃음꽃이 아니겠습니까

미싱을 멈추고
한 줌 햇살에 휘청거리는
다락방의 점심시간
달랑 머리부터 빠져나와
두 칸짜리 공동변소에 줄을 서다
초경도 이른 나이에
찔끔찔끔 속옷을 적시는

열세 살의 눈물

내 몸만 모른다

들쑥날쑥 출근시간
낮 밤이 바뀌고
밥 먹는 시간 따로 없이
손님들의 요구를
온몸으로 받아 적어야 하는
전동차 승무원
고객님의 건강이 가정의 행복이라는
안내방송을
하루 세끼 꼬박꼬박 챙기면서도
정작 내 몸만 모른다
이만오천 볼트 전차선 아래
대롱대롱 매달려 있는
만성피로 위궤양

일과시

한 살이 모자랐다
키로 나이를 먹는 거라면
까치발만 해도 거뜬할 텐데
서른이 안 됐다고
난 일과시 창립 동인이 되지 못했다
저들은 나이로 시를 쓰는가
일과시 재수를 하면서
결혼을 하고
철도노동자가 되어
스물아홉 시인의 투쟁보다
서른 노동자의 잔업이 아름답다고
철길 곳곳에 시를 뿌리고 다녔다

아이 둘을 키우는 노동자에게
200자 원고지는
200개의 낭떠러지
가늘고 긴 위험표지를 피하는 동안

그리움만 한 삽 떠서 보냈던 일과시
시로 나이를 써온 지 20년이 되도록
원고지에 빙 둘러앉지 못하고
용접 불똥에 군데군데 쉼표가 찍힌
작업복 시어들이
설 이후 끊겼던 철근을 다시 둘러메고
바람 빠진 희망버스 바퀴를 채우며
합평회를 한다

조
태
진

1960년 서울 출생.

선원, 공사판 잡부, 플랜트 배관 조공, 프레스공, 기자,

사회복지사로 노동 현장을 누볐다.

1989년『노동해방문학』창간호에 시를 발표하며 등단했다.

시집으로『우린 식구다』가 있다.

tajin119@hanmail.net

손에 대하여

어찌 보면 오함마 같고
어찌 보면 쇠갈쿠리 같은
두꺼비 등짝 같은 이 흉한 손을 무엇에 쓸까
넥타이도 맬 줄 모르는 못난 손
식구에게 돼지고기 한 근도 못 사다 주는 가난한 손
하얀 손에 주눅 들어 쩔쩔매는 겁쟁이 손
때에 절고 기름투성이인
우악스러운 이 손을 어디에 쓴단 말인가

손이여,
플랜지에 손등 찍혀 피 적셔진 손이여
우리가 건설했다
거칠고 황량한 들판에
철골을 세우고
굴뚝을 붙박고
파이프를 용접하고 배관하고
그리하여, 기골 장대하게 우뚝 선 저 공장을

우리가 건설했다
그러나 우리는 빈손

손은 계급이다
손은 무기이고
마침내 평등의 대지를 마련할 연장이며
끝내는 착취와 죽음의 노동을 몰아내고
해방 조국에 꽂을 깃발이다

어찌 보면 오함마 같고
어찌 보면 쇠갈쿠리 같은
이 거친 손으로
서러운 눈물이나 훔쳐서는 안 되리
어둠을 찢어발길 이 뜨거운 주먹으로
허공 향해 종 주먹질이나 해선 안 되리
암, 안 되고말고

손이여, 망치를 든 건설의 주인이여
그대가,
이 땅의 마지막 희망이고
이 땅을 결박시킬 모든 끄나풀을
단숨에 끊어버릴 유일한 사랑이다

가투의 추억

서노협 해골 형이 동(動)으로 뜨는 게 어떻겠냐며 동의를 구했고 투계(鬪鷄)를 자처했던 나는 비겁하고 싶지 않았으므로 비장의 검을 품었지. 사나이로 태어나 그런 날이 있었을까? 노동해방의 대의를 품었지만 고작 방 비우라는 집주인의 성화에 시달리면서 대의와 생계가 혼란스러웠던 것은 사실이었지만 황산벌 전투를 앞둔 계백의 심정으로 잠 못 이루는 밤을 뒤척였네.

레바논처럼 전운이 감돌던 가리봉 오거리.

가리봉시장 일대엔 전경과 백골단, 워키토키를 든 사복경찰이 쫘-악 깔렸고 감옥 같은 공장과 닭장 집을 나서 가리봉을 헤매던 핏기 없는 닭들은 멋모르고 닭장차에 실렸네. 유인물을 뿌리며 구호를 외치던 어린 여공들은 푸드득 푸드득 꽁지를 빼며 다급한 비명을 지르다 가리봉 시장으로 숨어들고 끌려가고…… 고가도로와 오거리에 막힌 차들이 닭들의 몸부림을 구경하는 토요일 오후였네.

갑자기 뱃속에서 분노가 부글부글 끓었네.

가리봉 기습시위는 아랫배에서부터 차질이 빚어지기 시작했네. 그 순간 그냥 산란계(産卵鷄)이고 싶었네. 필요한 것은 짱돌이나 꽃병이 아니라 화장지였던 난 안절부절하다 골목 변소에서 대의가 아닌 대변을 보았네. 밑 딱지 않은 자세로 볼일을 보고 가리봉 오거리에 나섰을 땐 가투(街鬪)는 초전 박살났고 닭장차에 가득 실린 닭들은 알을 생산하러 공장으로 가지 못하고 남부경찰서로 직행했네.

그때 나는 똥이 마려웠을 뿐이었네.

오목교, 뚝방 동네, 소년원을 위하여

하꼬방 지붕 위 루핑이 가난보다 더 서럽게 떨면 아비가 새끼줄 묶어 사온 낱장 연탄마저 떨어지고, 배급 밀가루마저 동나버렸다. 호롱불 그을음보다 더 검은 어둠이 내리면 신문 벽지 덕지덕지 기운 흙벽 틈새로 송곳 삭풍이 파고들고, 솜이불 밖으로 모가지를 내밀면 새하얀 입김이 온몸을 얼렸다.

새마을 취로사업에 나선 동민들이 웅크린 어깨로 언 땅에 삽질하면 공동펌프도 시래기도 얼고 볏짚에 불 지르던 아이들은 얼어 죽은 새와 쥐의 사체에 침을 뱉고 전깃줄이 북풍에 비명 지르면 동사한 걸인 노인을 덮은 가마니가 곡(哭)을 하고 황천길 노잣돈 하라고 누군가 던진 동전도 얼고…….

겨울이 온다. 가출한 어미들은 밤봇짐을 싸고 술 취한 아비들이 휘청거리는 엄동의 겨울이 온다. 보름달 떠오르면 오목교 뚝방을 허위허위 걸으며 고향 갈란다, 고향 갈란다

오마니 오마니…… 부르던 늙은 홀아비, 보름달을 따라 평안남도 대동군 용연면 천리, 북녘 고향 간다던 아비가 끝내 귀향하지 못하던 그해 여름, 행려병자 백천(白川) 조씨는 영등포시립병원 영안실에 누웠다.

어미들은 왜 도망갔을까? 무슨 부귀영화 누리려고 자식새끼 버렸겠냐만 지겨운 가난과 주먹질 견딜 수 없어 밤 봇짐을 쌌단다. 돈 벌어 돌아온다던 어미는 수년 동안 소식도 없더니 학용품과 옷가지 담긴, 발신 주소도 없는 소포가 배달됐다. 동네 여자들은 집 나간 피산이네 엄마 부산서 식모살이 한다더라! 여관 조바 한다더라! 전라도 어디선가 술집 한다더라! 수군거렸다.

뚝방 양지에 기댄 소년들은 송곳 같은 고드름을 깨물었다. 아무리 먹어도 허기지고 허기진 소년들은 칼날 같은 눈빛을 품고 문래동, 고척동, 구로공단 공장 일대를 기웃거리다 공장 철조망을 뚫었다. 운 좋은 날은 신쭈, 구리, 고철 덩어리 훔쳐 고물상에 팔아 짜장면도 사 먹고 용돈도 꼬불쳤지만 재수 없는 날은 공원들에게 붙잡혀 시퍼렇게 두들겨 맞았다.

새마을 고등공민학교 중퇴한 형은 구로공단 공돌이가 됐고, 공순이 생활 지긋하다던 동네 누나들은 차장이 됐고 더러는 술집 작부가 됐다. 야전전축 챙겨 들고 안양천 갈대숲으로 몰려간 동네 형들은 상하이 트위스트를 추다 소주병나발 들이키며 깨진 병으로 팔목을 긋기도 하고 가난에 깨지지 않겠다며 패싸움을 벌이다 더러는 소년원 가고, 더러는 영등포 역전에서 구두닦이를 했다.

엄동설한에 철거반이 기습하면 뚝방 동네는 비상 걸렸다. 망치부대들이 해머로 하꼬방을 부수면 투석전을 벌였다. 야이, 개새끼들아 우리 집 부수지 마! 눈물 훔치며 투석전을 벌였지만 짱돌로는 집을 지킬 수 없으므로 부서진 집더미에 움막을 지었다. 밀가루 배급하던 동사무소 직원이 법을 어기면 안 된다고 일장 연설할 때 그럼 얼어 죽으란 말이야! 야유를 퍼부으며 감자를 먹이던 소년들은 더 부서지지 않기 위해 주먹을 쥐고 쥐불놀이하며 깽판을 죽이다 구로공단으로 문래동 마찌꼬바로 어디로 뿔뿔이 흩어졌다.

비오는 날 소주를 마시다

칼질에도 세월이 베여서
여자는 익숙하게 안주 썰고
머리 희끗희끗한 그의 남자는
포장 들추며 손님을 기다린다
그림자의 움직임도 없이
조용히 취해가던 두 사내가
해삼 한 접시를 더 주문한다
수염을 덥수룩하게 기른 후배가
선배 잔을 채우며 은행 빚 걱정하며
보증 서준 장인에게 면목 없다 말하고
도움 못 준 선배는 후배에게 면목 없다
후배가 정적을 깨면서 주인에게 묻는다
—아줌마, 하루에 매상이 얼마나 올라요?
하고 묻자 무료했던 그의 남자가 대신해
—시원찮습니다, 경기가 예전 같지 않아요
건성으로 몇 마디 응답하는 참에
후두둑후두둑 빗방울이 포장을 때리고

젊은 남녀들이 소란스레 몰려 들어와
술 취한 목소리로 안주와 술을 시킨다
시무룩했던 포장마차 여자는 생생하게
생선 굽고 횟감 썰며 수다 떤다
포장마차의 밤이 깊어가는 밤
인생길이 흐릿하고 막막한 밤
쌀값으로 술값을 지불한 선배는
겨울비에 젖은 항구의 밤을 걸었다

상처 난 것들의 향기

빛나고
반듯한 것들은
모두 팔려가고
상처 난 것들만 남아 뒹구는
파장 난 시장 귀퉁이 과일 좌판

못다 판 것들 한 움큼 쌓아놓고
짓물러진 과일처럼 웅크린 노점상
잔업에 지쳐 늦은 밤차 타고 귀가하다
추위에 지친 늙은 노점상을 만났네

상한 것들이 상한 것들을 만나면
정겹기도 하고 속이 상하는 것
—아저씨 이거 얼맙니까?
—떨이로 몽땅 가져가시오!

떨이로 한 아름 싸준 과일

남 같지 않은 것들 안고 와
짓물러져 상한 몸 도려내니
과즙 흘리며 피우는 진한 향
꼭 내 몸 같아서
식구들 몸 같아서
베어 물다 울컥했네

이 지상의 집 한 칸

새라면 아아 쫓겨나지 않는 새라면
해거름 속으로 평화롭게 귀가하는
새처럼 아, 날 수 없는 가난 때문에
꽃이라면 아, 뽑히지 않는 꽃이라면
사방 천지 들녘에 억세게 뿌리 내린
들꽃처럼 아, 피어날 수 없는 가난 때문에
문패도 번지도 없는 주소불명의 세대주여
강제집행 통지서 받아든 불법 거주자여
이 지상의 집 한 칸
지고 갈 수도 없는 집 한 칸이 없어
잠든 자식 머리맡에서 시로 우는 아비여

꽃과 땅

꽃에게는
땅이 전부였지만
땅에게는 꽃이 일부였지요
꽃은 전부를 바쳐 땅을 사랑했지만
땅은 일부를 걸고 꽃을 사랑했지요
그래서 꽃은 시들었고
끝내 땅에 꽃잎 떨구었지요

벌집*

가리봉
벌집에는
벌들이 살지 않아요

보증금 100만 원에
월세 15만 원을 내야 사는
벌보다 가난한 모녀가 살아요

필리핀 엄마는
파출부 일 나가고
어린 딸은 공부방에서
엄마를 밤늦도록 기다려요

강원도 산막에 돈 벌러 떠난
늙은 아빠는 숯덩이가 되었나
자식이 새까맣게 기다리는데도
월세를 여직도 보내지 않았어요

* 구로공단 노동자들이 살던 2평 남짓의 방. 벌집처럼 좁게 지어져서 붙은 이름.

가리봉, 봄

다닥다닥 벌집에도 봄이 왔네
전봇대 철 대문 벽보에도 왔어
노가다 조선족 새벽에도 왔다네

골목길엔 쓰레기 뒤지는 고양이의 봄
햇살 들지 않는 다락방에는 침침한 봄
똥을 누면 풍덩 풍덩 화장실엔 구린 봄

중국동포 장애인 문형네 벌집 단칸방엔
꽃 대신 시커멓고 얼룩진 곰팡이 피었네
누덕누덕 피어서 밭은기침 하는 아픈 봄

가리봉, 겨울

몸서리쳐지는 가난을
연변에다 묻고 왔는데
비행기 표도 없이 어떻게
머나먼 가리봉까지 따라왔나

가리봉, 좁다란 벌집 골목에
연변처럼 눈발이 아득히 쌓이면
동네슈퍼 연탄가게 외상값도 쌓여서
조선족 아이들 슬금슬금 몰래 다닌다

이 식당 저 식당 전전하다
허리 다쳐 몸져누운 조선족 여인
일감 끊겨 술에 취한 조선족 사내
북간도 흉흉한 바람처럼 울며 말한다

—내 고향, 연변으로 돌아가고 싶어!

일과시 동인 창간 20주년 기념시집을 펴내며

지나온 시절을 되돌아보는 것처럼 가슴 아픈 일은 없습니다.

90년대 초, 소비에트연합과 동유럽 사회주의국가들이 무너졌을 때, 우리는 온몸으로 부딪치며 살아왔던 격정의 80년대를 되돌아봤습니다. 먼 길을 달려왔지만 날은 저물고, 주위를 둘러보니 그 많던 동료들이 보이지 않았습니다. 머리로 받아들인 마음은 머리로 바꾸지만, 몸으로 만들어낸 마음은 몸뚱이가 부서져도 바뀌지 않습니다. 하지만 그런 자존감보다, 조그만 불빛조차 보이지 않는 어두운 들판을 헤매는 외로움이 우리를 힘들게 했습니다.

돌이켜보면 그 외로움이 우리를 모이게 한 것 같습니다. 무엇보다 흔들리고 있는 우리 자신을 다잡고 싶었겠지요. 어려운 시기를 견뎌내는 게 목적이었을 지도 모릅니다.

꼭 20년이 지났습니다. 그 20년을 되돌아보기가 무섭습니다. 마음이

상하기도 하고, 몸이 망가지기도 했습니다. 그런데 이상하게도 20년 전의 외로움은 없었습니다. 아, 다들 잘 견뎌왔구나! 죽지 않고, 이렇게들 마음 지키며 살아냈구나! 그 대견함이 우리에게 지나온 시절을 되돌아볼 용기를 주었습니다.

그동안 써온 글들을 다시 읽고 고치고, 동인들이 함께 읽고 고치는 소중한 시간을 가졌습니다. 그리고 이제 주위 분들과 함께 읽고 고쳐 쓰기 위해 시집을 엮어 냅니다. 우리들이 쓴 시가 어느 이름모를 한 분에게라도 조그만 위로가 될 수 있다면 기쁘겠습니다.

어려운 시간을 내 '못난 시인'들이 쓴 시들을 읽어주신 염무웅 선생님, 힘든 형편에 팔리지도 않는 노동자들의 시집을 펴내주신 실천문학사 식구들께 감사드립니다.

일과시 동인의 지나온 길

1집 『햇살은 누구에게나 따스히 내리지 않았다』, 1993, 과학과 사상
참여동인: 김용만 김해화 김기홍 서정홍 김명환 조태진 서해남 손상렬

2집 『아득한 밥의 쓰라림』, 1995, 지평
참여동인: 이한주 손상렬 조태진 서정홍 김기홍 김해화 김용만

3집 『비오는 날 소주를 마시다』, 1997, 시와 사람
참여동인: 김기홍 김명환 김용만 김해화 서정홍 손상렬 이한주 조태진

4집 『사람이 그리운 날』, 1998, 갈무리
참여동인: 김용만 김해화 김기홍 문영규 서정홍 손상렬 이한주 오도엽

5집 『한 노동자가 위험하다』, 1999, 갈무리

참여동인: 김기홍 김명환 김용만 김해화 서정홍 손상렬 손현수 오도엽 이한주 조태진

6집『연둣빛 새순』, 2001, 갈무리
참여동인: 김기홍 김해자 김해화 문영규 서정홍 손상렬 송경동 이한주 조태진

7집『아직은 저항의 나이』, 2002, 삶이 보이는 창
참여동인: 문동만 조태진 오도엽 송경동 손상렬 서정홍 김해화 김해자 김용만 김기홍

8집『저 많은 꽃등들』, 2005, 삶이 보이는 창
참여동인: 이한주 송경동 김용만 문영규 서정홍 손상렬 문동만 오도엽 김기홍 김명환 김해자 김해화 조태진
〈초대시〉 이필 임성용 김사이

포스트노동문학 시대에서의 노동과 삶과 시

이재현 문학평론가

1.

발문을 쓰게 되어 기쁘고도 두렵다. 내가 마치 성경에 나오는 돌아온 탕자 같다는 느낌이다. 먼저, 개인적인 얘기를 조금 해두는 것으로 시작해보겠다.

나는 『실천문학』 4권(1983년)에 노동문학에 관한 글을 썼다. 그 당시 지식인 작가들의 소설 작품들의 한계를 아주 극단적인 어조로 비판하고, 그에 대비해서 노동자들의 수기와 일기 등을 전범으로 제시하는 내용이었다. 그러자 주류 민족문학론 쪽으로부터 반론이 제기되었다. 하나는 "작가의 신원에 집착한다"는 것이고, 다른 하나는 "그럼, 물건(작품)을 내놔 봐라" 하는 것이었다.

전자의 반론은 사실 터무니없는 것이며 논점을 벗어난 얘기였다. 반공법 및 국가보안법 등 때문에 우리가 내놓고 말하지 않았을 뿐이지, 애당초부터 논의는 '노동자 계급의식'을 전제로 하고나서, 그 다음에 창작에 필수적인 체험의 문제를 말하고 있었던 것이기 때문이다. 그 당시 소위 운동권이 공유한 상식과 통념에 의하면, 지식인 내지 지식인 작가가 노동 현장으로 '존재 이전' 내지는 '투신'을 하는 것은 당연한 일이었다. 그런 상황에서 '작가의 신원' 운운하면서 시비를 건 것은 매우 시대착오적이었던 것이다.

후자의 반론에 대해서 나와 내가 속한 집단은 속으로 수긍했다. 이론이나 비평이 아무리 그럴듯하다고 하더라도 작품이 없으면 공허한 말장난이 되는 것이니까. 내 경우, 한편으로는 〈전태일문학상〉에 깊이 관여했고, 다른 한편으로는 후배들과 함께 보고문학 창작 집단을 만들어서 울산과 마창 지역으로 내려갔다. 울산에서의 경우, 『철의 기지』(1990)라는 작은 성과물을 내었다. 한편 마창 지역은 사업장들이 많고 업종이 다양한데다가, 노동자들 사이에 젠더 문제 등이 끼어 있어서, 창작 과정에서 전형화라는 문제를 제대로 해결하지 못했는데, 몇 년 전에 지아장커가 다큐와 픽션을 섞어서 만든 영화 〈24 시티〉(2008)를 보고나서, "아항, 이런 식으로 풀어갈 수도 있었겠구나"라는 생각을 한 적이 있다.

그런데, 그 직후에 소련이 망했다. 또, 노동문학과 관련지어 특기할 만한 국내 뉴스로는 박노해가 잡혔다는 것을 들 수 있다. 나는 극심한 이념적 혼란을 겪었고 더 이상 문학평론가로 살아갈 자신이 없어졌다. 그래서 문화연구와 문화비평으로 업종 전환을 하게 되었다. 이 과정은 소위 사상투쟁을 거치지 않은 것이었는데, 본디 사투는 이미 어떤 정치적, 사상적 입장들을 전제하고 시작하는 것이라서, 아무런 전망도 갖지 못한 나로서는 사투라는 집단적 의례 자체도 낡고 지겨운 것, 또 도저히 문제를 해결할 수 없는 것으로 보았던 것이다. 결국, 어찌 보자면, 그저 나 홀로 국경을 넘어서 도망간 셈이 되었다. 고향에 가족과 친구들을 남겨둔 채로 '비겁하게 혼자서' 말이다.

해서, 지금 나는 월남민과 같은 심경으로 일과시 동인들의 작품을 읽는다. 여기에서 소위 디아스포라 같은 말은 아주 사치스러운 것이 된다. 나로서는, 죄스러움, 미안함, 안타까움 그리고 또 무엇보다 반가움, 그리움 등이 뒤범벅이 된 상태에서, 고향에 남겨두고 온 가족과 친구로부터의 편지 사연을 읽듯이 시편들을 읽어나간다.

2.

이런 심경으로 시집 원고들을 펼쳐 읽기 시작하다가 몇 장 넘기지 못하고 곧바로 망연자실하게 되었는데 그것은 김명환의 「어색한 휴식」에서였다.

> 나는 오이에게 미안하다
> 나이 스물이 되면서
> 이 땅의 시인이려면
> 민주화운동을 해야 하는 줄 알았다

나는 고추에게 미안하다
나이 서른이 되면서
이 나라의 시인이려면
노동운동을 해야 하는 줄 알았다
나는 호박에게 미안하다
자식노릇 한번 제대로 못했는데
아버지는 늦도록 고생만 하시다 돌아가셨다
(중략)

나는 이 시의 오이, 고추, 호박 등의 자리에 김명환, 김해자, 김해화 등을 넣어 읽었다. 또 전태일, 김경숙, 박창수, 허세욱, 최종범 등을 넣어서 읽었다. 그리고 내가 문학판에서 잘 알고 친하게 지내던 사람들, 그러니까, 채광석, 김도연, 박영근 등을 넣어서 읽었다. 억지로 넣은 것이 아니라 읽다보니 저절로 그렇게 되었다. 그러다가 "이름모를 들꽃들"에 이르러서는 망연자실하게 되었다. 이 시에 대해서는 나로서는 더 이상 붙일 말이 없다. 내 모든 말과 글은 이 시에 비하면 너무 너저분하고 얕고 좁다.

이 시집에 모인 시들은 대체로 채광석의 잘 알려진 범주인 '구체적 현장성'과 '실천적 운동성'을 잘 구현했다고 여겨진다.

예를 들어 김해자의 「인연」이라든가 「심지에 쓴 시」는 상당히 긴 노동 현장에서의 체험이 아니라면 도저히 나올 수 없는 작품들이다. 「인연」의 시적 착상은 20년 전에 구한 수건을 아직 걸레로 쓰고 있는 일상적 삶의 상황이다. 이 시의 마지막은 이렇다. "화염 속에서 어느덧 화엄에 든 물건/쓰다 쓰다 놓아버릴 이 몸뚱이" 여기서 화염과 화엄이 언뜻 보면 약간 어색하고 유치하게 느껴질 수도 있지만 반면에 요즘 힙합 유행가에서의 치졸한 라임들보다는 아주 확실히 뛰어난 경지에 다다르고 있다. 그것은 마지막 행에서 드러난, 걸레라는 사물과 시적 자아 사이의 동일성에 대한 심오한 통찰력 때문이다. 「심지에 쓴 시」도 봉제공장에서의 오랜 현장 생활이 아니었더라면 도저히 생겨날 수 없는 발상을 보여준다. 심지를 넣어 깃을 세운 잠바를 모티브로 삼아서 시적 화자는 봉제공장에서의 고단한 노동, 그리고 동시에 노동자 시인의 고단한 창작 과정을 성공적으로 오버랩시킨다.

이 시집의 아무 데나 펼쳐도, 독자들은 이런 유형의 작품들과 만날 수 있다. 손상렬의 「새벽길 2」를 보자.

> 사흘 굶어서도 구걸하지 않으면
> 그는 나의 하느님이다
>
> 인력시장에 나가도 찾는 이 없는 새벽
> 일당 삼만 원짜리도 퇴짜를 맞고
> 돌아오는 길
>
> 거친 꿈들이 저당 잡힌 거리
> 새벽하늘이 붉다

소위 노가다 일당은 대체로 6~7만 원은 받으며 때로는 8만 원까지도

받을 수 있다는 게 상식이다. 그런데 그것의 반절짜리도 "퇴짜를 맞고" 붉은 새벽에 돌아오는 정경을 단지 3연의 시로써 묘사한다. 엄밀히 말하자면 2연에 걸친 묘사다. 최초의 1연은 경구 내지 격언의 말투로 좀 더 보편적이고 단정적인 진술을 하고 있다. 그런데 왜 그저 "사흘 굶어도"가 아니라 "사흘 굶어서도"일까. 이 시의 묘미는 바로 그 '서'라는 한국어 연결어미에 있다. 뒤 2연이 묘사하는, 바로 그 절절한 체험 때문에 '서'가 들어가지 않으면 안 되었던 것이라고 나는 이해한다.

현장의 투쟁을 다룬 작품들도 적지 않다. 그런데 이런 계열의 작품들 중 일부는 그저 선동적인 차원에 머무는 것이 아니라 일상적 삶에 대한 성찰로 이어지고 있다(노파심에서 덧붙이자면, 나는 '선동적인' 작품도 아주 중요하다고 생각한다. 선동이 즉각적으로 요구되는 상황에서는 당연히 선동적인 시가 필요하다). 송경동의 「잃어버린 안경」과 조호진의 「가투의 추억」이 바로 그 대표적인 사례다.

「잃어버린 안경」의 뒷부분에서 시적 화자는 이렇게 항변한다. "하지만 이제 난 억울하다/내가 왜 이 못된 세상에 안경까지 잡아먹혀야 하나/힘없는 아내에게 그 짐을 늘 지게 할 수도 없다" 나는 이 대목에서 이 시집 전체에서 여러 번 되풀이해서 나오는 '아내'라는 단어를 떠올린다. 더 나아가서, 서정홍의 작품 「아내는 언제나 한 수 위」를 떠올리며 빙그레 웃게 된다.

그런데, 송경동의 「잃어버린 안경」은 시적으로 보아서는 진부할 정도로 맥없이 끝나버린다. 그런데, 분명한 것은 이것이 시인의 시적 능

력의 한계에서라기보다는 우리 현실 자체의 한계에서 비롯되는 것이라고 여겨진다. "그래서 나는 이제 바란다/편파적으로 구체적으로 바란다/안경이나 빼어가는 소극적 싸움이 아닌/진정한 싸움을, 내게 걸어달라고/차라리 내 영혼의 눈을 거둬가 달라고" 한편, 조호진의 「가투의 추억」은 어조가 송경동과는 달리 상대적으로 좀 더 코믹하다고 할 수 있는데, 시적 마무리에서는 송경동과 비슷한 문제점을 드러내는 것으로 보인다. 이 문제는 수십 년간 민중시, 혹은 노동시가 놓여 있던 상황 일반과도 통하는 것이다. 암담한 현실 자체에서의 딜레마, 즉 비관적 현실에서 그저 낙관적인 의지와 전망을 보여주면서 끝맺는 것만으로는 진부해지거나 상투적으로 되어버린다는, 그 해묵은 딜레마 때문이다.

3.

노동자들의 죽음을 다룬 몇몇 시편은 좀 더 주목을 요한다. 문동만의 산문시 「먼저 죽은 여덟 명처럼」은 저승사자로 해석되는 시적 화자가 삼성전자 반도체 공장에서 일하다 급성 백혈병에 걸려 죽어서 저승에 온 고 박지연 씨를 등장인물 겸 시적 청자로 삼고 있다. 박지연의 억울하고 애통한 죽음 말고도 이 시는 두 개의 다른 에피소드를 바탕에 깔고 있는데, 하나는 이건희와 그의 세 자식들이 서로 손을 잡고 2010년 라스베가스의 CES 행사장을 방문한 사건이며(이것은 당시 언론에 대대적으로 보도된 바 있다), 다른 하나는 삼성전자의 광고가 내건 '또 하나의 가족'이라는 캐치프레이즈다. 후반부만을 인용해 보자.

그러니까 박지연씨는 2010년 3월 21일 스물셋으로 여기로 오셨네, 쏙 빠진 대머리에 몸무게 30kg로 가볍게 오셨네, 몸을 덜어오면 우리 일이 좀 적어지긴 하지. 당신은 '또 하나의 가족'에 포함되지 못했소. 먼저 죽은 여덟 명처럼. 당신은 내부의 가족에도 또 하나의 가족에도 포함되지 않았다는 걸 알고 태어나셨어야 해요. 입사는 그 다음의 일이었으니까. 인간은 운명을 모르고 태어나는 존재들이라 그게 속을 썩이지. 왜 일찌감치 와서 아프지 않은 얼굴로 웃는 거예요. 우는 거예요. 이제사 바싹 마른 뼈 위에 막 살도 오르네. 봄이라, 당신에겐 억울하겠지만 봄이라, 당신 머리칼도 산달래처럼 몇 가닥 오르네. 아무튼 아프지도 않고 숨소리도 없는 박지연씨. 당신처럼 쌉사름하고 아랑아랑 현기증이 날 땐 못 가 본 라스베이가스만 생각해요. 그러고 보니 악수도 못했네. 잠시 억울한 명부록은 접고, 자! 손이라도 한번.

이런 시에 대해서 나는 경의를 표하지 않을 수 없다. 비평이 할 일은 이런 시에 어설픈 해설이나 평을 덧붙일 게 아니라 그저 "고무, 찬양, 선동"하는 것이어야 한다. 난 30년 전이나 지금이나 이 점에 관해서는 마찬가지 입장이다.

같은 맥락에서 내가 절창이라고 여기고 있는 것은 김해화의 「산 철근이 죽은 철근에게」이다.

(중략)

밤낮 없이

너는 죽어버려서 떠날 수 없고

나는 살아 있어서 떠날 수 없는 공사장
누운 채 비에 젖는다

죽은 너는 좀 짧고
살아 있는 나는 좀 길다
같이 녹슨다

좀 엉뚱하면서도 상투적인 얘기로 들릴지도 모르겠지만, 난 이 시를 읽으면서 곧바로 마르크스의 '죽은 노동 대 산 노동'이라는 유명한 정식을 떠올렸다. 아담 스미스가 자본을 '축적된 노동'이라고 정의내린 것을 이어받아 마르크스는 자본을 '죽은 노동'이라고 간략하게 정식화했다. 마르크스의 소외론이라는 것은 바로 이 정식을 그저 이론적으로 길게 구라를 풀어댄 것에 불과하다. 물론 김해화의 시적 인식은 마르크스의 정치경제학적 인식과는 아주 다르다. 아무튼 나는 여러 번 읊조려 본다. "죽은 너는 좀 짧고/살아 있는 나는 좀 길다/같이 녹슨다"

여기서 "같이 녹슨다"고 언표된 시적 인식은, "오이에게 (중략) 이름 모를 들꽃들에게"(「어색한 휴식」) 미안하다는, 김명환이 드러낸 시적 인식이 좀 더 비장하게 농축된 것이며, "쓰다 쓰다 놓아버릴 이 몸뚱이"(「인연」)라는, 걸레와 노동자 시인 사이의 일체성에 대한, 김해자의 시적 통찰과도 통하는 것이다.

그런데 오늘날 노동시가 처한 곤경은, 이렇게 비장하면서도 뛰어난 통찰 및 인식을 보여주는 시편들이 보통의 독자들에게는 잘 먹히지 않을 수도 있다는 것이다.

그러니, 과연 이러한 곤경은 어느 정도일까? 혹은 다르게 말해서, 일과시 동인들의 시편들은 오늘날 보통 독자들에게 과연 어떻게 읽히는 것일까? 이런 점이 매우 궁금해서 나는 작은 실험을 했다. 내 대학원 강의를 듣는 젊은 학생 한 명에게 이 시집 원고를 주면서 읽어보고 맘에 드는 시들이 있으면 알려달라고 했던 것이다. 참고로, 내 대학원 수업은 문화연구 과정의 과목으로 강의명은 "문화비평"이며, 이 학생은 20대 후반 여성으로 학부 전공은 철학인데 글쓰기에 관심이 매우 크다. 내 주관을 배제하기 위해서 내가 받은 메일을 조금 길기는 하지만 직접 인용하기로 한다.

> 제가 여기에서 가장 기억에 남는 시는 「산동네」라는 시와 「목욕탕에서 1」, 「상처 난 것들의 향기」, 「열여덟 딸에게」라는 시가 기억에 남아요. 뭐 다른 것들도 당연히 다 좋았지만 제가 봤을 때에는 직설적이지 않고 나름대로 의미를 내포하고 있다는 생각이 들었어요. 아! 그리고 「밥 한 숟가락에 기대어」도요. 어쩌면 아무것도 아닐 수 도 있는 것들에 의미를 부여하고 이런 것들이 문학이 된다고 생각하고 그래야만 의미가 더 확장될 수 있다고 생각하는데, 밥 한 숟가락 같은 것은 너무 뻔하지만 이렇게 써 놓으니 먹고사는 것이 얼마나 중요한가에 대해서 생각할 수 있고 좋은 것 같아요. 음 그리고 「열여덟 딸에게」라는 시는 다른 것보다 제가 열여덟은 아니지만 이 시를 읽으면서 젊은이들이 찾는 『아프니까 청춘이다』 이런 책보다 더 기억에 남을 수 있지 않을까라는 생각이 들었어요. 그곳에서 장황하게 한 권으로 설명하고 있는 것들이 아빠를 화자로 해서 딸에게 해주는 말로 시에서 표현하고 있으

니 더 와 닿았다고 할 수 있을 것 같아요. 또 『상처 난 것들의 향기』라는 것도 무조건 어떠한 사건을 이야기하는 것이 아니라 상처받은 일반 서민들, 그리고 상처 난 것들이 결코 다른 사람들이 아니라 나와 함께 숨 쉬고 있는 사람들이라는 생각이 들면서 더 공감대가 형성될 수 있다는 생각이 들었어요. 그리고 『목욕탕에서 1』 그 시 같은 경우에는 보면서 풋! 하고 웃음이 나왔던 시인데, 사실 인간이라는 것이 가질 수 있는 것은 한정되어 있고, 그것을 어떻게 쓰느냐 혹은 어떻게 살아가느냐의 문제로 고민하는 것인데, 이 시에서는 이런 인간을 꼬집는 언어로 써져 있는 것 같아서 좋았어요. 마지막으로 「산동네」라는 시에서 제가 제일 마음에 들었던 구절은 "세상 어디서나 가난은 산을 타고 오르는 것일까"라는 구절이었어요. 제가 산동네에 살아본 적이 있는 건 아니지만 늘 '왜 가난한 사람들은 저 높은 곳으로 올라가는 걸까'라는 생각을 해 본 적이 있거든요. 어릴 때 특히 영화를 보면서, 이런 시선들은 영화에서도 꼭 쓰이는 장치(?)같은 것이라서 한 번 더 생각해 볼 수 있는 것 같기도 하고(중략)

참고로 「산동네」는 김용만의 것, 「목욕탕에서 1」와 「밥 한 숟가락에 기대어」는 서정홍의 것, 「상처 난 것들의 향기」는 조태진의 것, 「열여덟 딸에게」는 이한주의 것이다.

이 실험은 아주 개별적이고 극히 제한된 것이라서 여기서 일반적인 결론을 이끌어내기는 힘들 것이다. 또, 계급적 차이와 세대 차이, 그리고 생산 영역과 소비 영역의 괴리라는 문제가 가 크게 작용하고 있다는 게 우리의 문화/문학적 현실의 일반적 성격이기도 하다. 하지만, 분명한 것은 일과시 동인들이 성취해낸 시적 경지와 성과는 보통 독자들에게도 얼마든지 통한다는 것이다. 이 시집의 시들은 잘 읽힐 수 있고 또 실제로도 편하게 술술 잘 읽힌다.

4.

1970년대 말 우리가 접할 수 있었던 노동자의 일기와 수기 등으로부터 계산한다면, 혹은 1970년 전태일의 죽음 직후 부분적으로 공개된 전태일의 일기와 메모 등으로부터 계산한다면, 한국의 노동문학은 이제 장년에 접어들었다. 또 일과시 동인들 중 나이가 많은 이들은 조금 있으면 곧 노년에 돌입한다. 그러니 편하게, 한국의 노동문학은 이제 장년기에 들어섰다고도 말할 수 있다.

나는 일과시 20주년 기념시집을 읽으면서 '장년기의 한국 노동문학은 어디로 가야 하는가'라는 물음을 스스로에게 던져 보았다. 물론, 답은 없다. 하지만, 두 가지 분명한 것은 있다.

하나는 '결별할 수 없는 것'에 관한 것이다. 내 친구 김명인이 『자명한 것들과의 결별』이라는 글을 쓴 적이 있지만, 반면에 결별할 수 없는 자명한 것들도 있다. 세상이 어떻게 바뀌어가더라도 이 자본주의 세상을 움직이는 것은 바로 그 고단한 노동, 그리고 여기에 바탕을 둔 우리들의 삶과 투쟁과 놀이와 사랑과 죽음 등등이라는 것이다. 이런 의미에서 어느 자리에선가 김해화가 '노동자 문학'은 계속되어야 한다고 주장했던 것은 아직도, 또 언제나 그리고 어디까지나 타당하다.

다른 하나는 고영직과의 대담에서 시인 백무산이 말한 것들이다(『실천문학』 2014년 봄호). 백무산은 이제 노동이 '혼란스런 개념'이며 "노동 중심성이 흐려지고 변혁적 전략이 모호해지면 노동이라는 단어는 복지라는 단어와 겹쳐질 뿐"이라고 말했다. 그런가 하면, "현장이라는 말은 노동의 개념을 담고 있으면서도 삶으로 확장된 개념"이고 "적절"하기는 하지만 그것만으로는 부족하다는 뉘앙스의 발언을 하고 있다. 요컨대 "노동 자체에 대한 이해가 삶의 문제로 좀 더 접근되기를 바"란다는 것이다.

내가 이 글의 제목에, 내 스스로가 매우 어색해서 못마땅하게 여기면서도 어쨌거나 '포스트노동문학 시대'란 말을 갖다가 붙인 것은 바로 이러한 사정 때문이다(참고로, 처음엔 '노동문학(론) 이후'란 표현을 써보았음을 밝혀둔다).

내게 답은 없다. 하지만 이번 시집을 읽으면서 메모해 둔 몇 가지는 있다. 두서없고 얄팍하고 단편적인 생각들이지만 그것들 중 일부를 여기에 남겨둔다.

1) 오래 살아야 한다, 살아남아야 한다. 그러면서 계속 써나가야 한다. 문학뿐만이 아니라 음악, 미술에서도 마찬가지인데 70, 80살이 되어서도 작품을 계속한다면 대개는 주목받고 존경받을 수 있다. 사회과학에서 '진지전'이니 '장구한 혁명'이니 하는 것들도 결국 이런 것을 레토릭하게 표현한 것에 불과하다. 시인들 자신이 오래 살아남고 계속 시를 써나가야 한다.

2) 시어들의 절차탁마에만 주목해서 시를 끌어가려는 경향은 경계해야 한다. 시적인 어휘들이 따로 있는 것은 아니다. 오히려, 일상 구어의 다양성, 인터넷 등의 매체에서 사용되고 있는 바의 한국어 쓰임새를 늘 고려하고, 광고 카피, TV 드라마와 영화의 대사들과 경쟁할 줄 알아야 한다. 특히, 일상 구어에서 보통의 한국어 화자들이 다양한 연결어미들로 종결어미를 대체하면서 말을 끝맺고 있는 현상을 좀 더 주의깊게 살펴봐야 봐야 한다. 이 시집 전체로 봐서 "~다"라는 종결어미가 여전히 너무 많다.

3) 한 편의 시 안에서 시적-사상적 흐름을 통어해나가는 일에 대한 공부와 연구가 더 필요하다. 일련의 연상된 시어들을 늘어놓는다고 해서 뛰어난 시가 되는 것은 아니다. 한 편의 시 안에서 시인 고유의, 혹은 그 시만의 특정한 착상, 발상에서 출발하는 일정한 시적-사상적 운동 내지는 흐름이 중요하다. 언어적 리듬과 사상적 리듬은 분리될 수 없다.

4) 시는 가장 경제적이고 압축적인 문학 장르이기는 하지만 그저 짧고 간결하다고 해서, 혹은 형식적으로 행이나 연을 가른다고 해서 시가 되는 것은 아니다. 시적 외형을 취하고는 있지만 현실을 산문적으로 번역, 번안하는 데 머물러서는 결코 시가 되지 않는다. 모름지기 시는 시적 섬광을 보여주어야 한다.